coleção primeiros passos 10

CB013726

Fernando Peixoto

O QUE É
TEATRO

editora brasiliense

Primeira edição, 1980
14ª edição, 1995
6ª reimpressão, 2012

Diretoria Editorial: *Maria Teresa B. de Lima*
Editor: *Max Welcman*
Produção Gráfica: *Adriana F. B. Zerbinati*
Revisão: *Maria Amélia Dalsenter e Ana Maria M. Barbosa*
Caricaturas: *Emílio Damiani*
Capa: *Otávio Roth e Felipe Doctors*

Dados Internacionais de catalogação na Publicação(CIP)
(Câmara Brasileira do Livro, SP, Brasil)

Peixoto, Fernando
      O que é teatro / Fernando Peixoto
      -- São Paulo : Brasiliense, 2012. - - (Coleção
Primeiros Passos; 10)

      6ª reimpr. da 14ª. ed. de 1995.
      ISBN 85-11-01010-6

      1. Teatro   I.Título. II. Série

05-4606   CDD - 792

Índices para catálogo sistemático :
1. Teatro: Artes da representação 792

editora e livraria brasiliense
Rua Antônio de Barros, 1839 – Tatuapé
Cep 03401-001 – São Paulo – SP
www.editorabrasiliense.com.br

SUMÁRIO

PARA ANA

APRESENTAÇÃO

Este livro é uma introdução breve e esquemática a um tema imenso e complexo. O teatro inúmeras vezes parece uma expressão em crise. Em certas épocas quase perde o sentido. Em outras é perseguido. Às vezes refugia-se em pequenas salas escuras, às vezes sai para as ruas e redescobre a luz do sol. Sua função social tem sido constantemente redefinida. Desde muitos séculos antes de nossa era até hoje, nunca deixou de existir: há algum impulso no homem, desde seus primórdios, que necessita deste instrumento de diversão e conhecimento, prazer e denúncia.

Este livro apenas menciona, arriscando simplificar, temas profundos e contraditórios. Quando defende certos valores, sabe que é justo que também estes valores sejam questionados para nada ser aceito como verdade absoluta. Nesse sentido, o livro é também uma proposta.

São três partes: a primeira coloca em questão como definir teatro, quando seu significado se transforma junto com a sociedade na qual se insere e da qual é parte; a segunda procura acompanhar uma das infinitas hipóteses do que seria fazer teatro; a terceira esboça, em linhas perigosamente simplificadas, algumas das tendências mais reconhecíveis da trajetória do espetáculo e da dramaturgia, procurando inclusive inserir o teatro brasileiro nessa perspectiva. Dentro desses limites, esperamos que este livro possa despertar dúvidas e interrogações. Principalmente no Brasil, hoje, é preciso repensar criticamente pensamento e ação. Para o teatro vir a ser útil à construção de uma sociedade democrática.

O QUE É TEATRO?

I

Um espaço, um homem que ocupa este espaço, outro homem que o observa, Entre ambos, a consciência de uma cumplicidade, que os instantes seguintes poderão até atenuar, fazer esquecer, talvez acentuar: o primeiro, sozinho ou acompanhado, mostra um personagem e um comportamento deste personagem numa determinada situação, através de palavras ou gestos, talvez através da imobilidade e do silêncio, enquanto que o segundo, sozinho ou acompanhado, sabe que tem diante de si uma reprodução, falsa ou fiel, improvisada ou previamente ensaiada, de acontecimentos que imitam ou reconstituem imagens da fantasia ou da realidade. O primeiro, ou os primeiros, são movidos por um impulso criativo que incorpora emoção e razão num ato de desenfreada ou controlada entrega, celebrando um ritual quase místico de epidérmica necessidade, ou exercendo a rigorosa tarefa de uma profissão complexa e densa. Enquanto o segundo, ou os segundos, assistem passiva ou ativamente, entorpecidos por uma magia que os envolve numa cerimônia que faz fugir da própria realidade para o mergulho num universo de encantamento ou mentira ou ilusão, ou, ao contrário, aprofundam o conhecimento lúcido e crítico da própria realidade que os cerca, engravidando-os de um prazer capaz de torná-los mais conscientes e mais vigorosos enquanto homens racionais, dotados da possibilidade de agir e dominar as forças da natureza e da sociedade, transformando as relações entre os homens na necessária urgência de construir democracia e liberdade.

Será isso o *teatro?* Será possível definir *teatro?* Será certo e verdadeiro tentar precisar seu significado se, desde a origem do homem, existe enquanto *processo,* em permanente transformação, obedecendo a sempre novas exigências e necessidades do homem que, através dos tempos, na produção social de sua existência, entra em determinadas relações de produção, necessárias e independentes de sua vontade, que correspondem a determinado grau de desenvolvimento das forças produtivas materiais da sociedade? O que pode valer para entender a cultura ocidental vale para a oriental? Enfim, existe um teatro ou, em função da vida econômico-política, teatro hoje é *uma coisa,* amanhã *outra,* ontem foi *diferente?* É necessário cuidado para não cair na facilidade de definições abstratas de discutíveis "essências" inexistentes, ou na armadilha de definições idealistas que aceitem um instante isolado, seja o hoje ou o ontem, como verdades imutáveis.

Diante do pensamento reacionário que acusava suas propostas concretas de construção de um teatro dialético, instrumento de conhecimento e prazer, instrução e diversão do homem que sabe que o destino do homem é o homem, Bertolt Brecht, com tranquila lucidez, desenvolveu sua poética da arte materialista e dialética, liberta da estética tradicional e voltada para a transformação produtiva da sociedade, ironicamente afirmando que, para isso, se fosse necessário para evitar controvérsias inúteis, será preferível chamar *teatro* de *taetro.* E não perder tempo em questões menores.

II

Mas, mesmo sendo transformado em função do processo histórico, o teatro conserva, através dos tempos, uma série de elementos que o distinguem enquanto expressão artística. É verdade que muitos às vezes são esquecidos ou, circunstancialmente, relegados a segundo plano, para, em novas condições, voltarem a ser recuperados. O teatro tem uma história específica, capítulo essencial da história da produção cultural da humanidade. Nessa trajetória o que mais tem sido modificado é o próprio significado da atividade teatral: sua função social. Constantemente redefinida, na teoria e na prática, esta função social tem provocado alterações substantivas na maneira de conceber e realizar teatro. Muitas vezes negando princípios e técnicas que pouco antes pareciam essenciais e indispensáveis. Frequentemente transformando o processo narrativo e mesmo os processos de interpretação e encenação. É irrecusável que, dentro de certos limites, formas artísticas acabam criando novas formas artísticas. Mas seria permanecer no campo enganador das aparências não levar em conta que, em nível mais profundo, não são ideias que criam ideias: o que se transforma na vida social e real dos homens é que determina modificações nas concepções filosóficas como nas representações artísticas. Assim, é fundamental não perder de vista a verdade dialética do movimento histórico: a saga do teatro, fascinante aventura do pensamento e da ação do homem, possui apenas aparência de autonomia.

O que não significa que o teatro não tenha sentido enquanto instrumento de transformação da sociedade. Isoladamente, é claro que é impotente para provocar modificações ou despertar resultados sociopolíticos marcantes. Mas o palco, ou seja qual for o espaço de representação, estabelece, em nível de razão e emoção, uma reflexão e um diálogo vivo e revelador com a plateia, ou seja qual for o espaço dos espectadores. Incapaz de agir diretamente no processo de transformação social, age diretamente sobre os homens, que são os verdadeiros agentes da construção da vida social. O encenador alemão Manfred Wekwerth explica com clareza a única efetiva eficácia que o teatro poderá desempenhar: "ajudar a se tornarem eficazes aquelas forças sociais que, por sua própria natureza histórica, estão em condições de provocar transformações na sociedade; e isso através dos meios específicos do teatro: através do prazer".

Foi Brecht que, retomando a formulação da estética burguesa revolucionária, fundada por Diderot e Lessing, que definiram o teatro como *divertimento* e *ensino,* levou às últimas consequências a formulação do teatro a serviço da vida social, com a condição de cada vez mais aprofundar sua linguagem enquanto teatro. Assim, Brecht chegou a afirmar que "o prazer é a mais nobre função da atividade teatral".

III

Mas, afinal: um espaço, um ator, um espectador – basta isso para existir teatro? O historiador e crítico italiano Silvio D'Amico começa sua valiosa *História do teatro dramático* com uma frase intrigante: "*Teatro* é uma palavra de significado ambíguo".

Etimologicamente a origem é o verbo grego *theastai* (ver, contemplar, olhar). Inicialmente designava o local onde aconteciam espetáculos. Mais tarde serve para qualquer tipo de espetáculo: danças selvagens, festas públicas, cerimônias populares, funerais solenes, desfiles militares etc. A ideia que a palavra hoje desperta em nós só aparece definida no século XVII. Afinal, o que distinguiria o teatro de outras manifestações semelhantes?

O princípio do teatro tem sido objeto de inúmeras especulações. Mas praticamente todos situam dois pontos irrecusáveis: desde cedo os homens sentem a necessidade do jogo, e no espírito lúdico aparece a incontida ânsia de "ser outro", disfarçar-se e representar-se a si mesmo ou aos próprios deuses ou assumir o papel dos animais que procura caçar para sua sobrevivência, às vezes inclusive fazendo uso de máscaras; e ainda, ao que tudo indica, o jogo teatral, a noção de representação, nasce essencialmente vinculada ao ritual mágico e religioso primitivo. Estes pontos indicam questões pertinentes e estimulantes.

Entre elas: representando deuses, os homens fazem as divindades descerem ao mundo material, corporificando-as e tornando-as visíveis e acessíveis a seus anseios e medos e necessidades e perplexidades; organizando rituais religiosos, os homens organizam festas, nas quais as sociedades primitivas se integram numa comemoração coletiva de extrema vitalidade, mesmo que o elemento da morte possa estar presente até de forma acentuada; simulando caçadas, os homens primitivos acreditavam ou no poder mágico de exercitar uma ação falsa antes de empreender a verdadeira, ou no poder prático de treinar astúcia e músculos para garantir o êxito no momento decisivo, neste caso atribuindo à representação um sentido eminentemente prático que não exclui a presença da beleza; imitando os próprios homens, buscavam observarem-se a si mesmos "de fora", talvez utilizando o riso e o deboche como embrião de uma forma de a sociedade autocriticar-se através da representação de seus costumes cotidianos; na ânsia de sair de si para ser outro talvez fosse possível encontrar as primeiras manifestações de uma ânsia mais abstrata e talvez mais profunda da relação do homem consigo mesmo, não sendo totalmente absurdo partir daí para especulações sobre fascínio ou recusa, insatisfação ou procura etc.

Mas o próprio Silvio D'Amico, ao citar o teatro como "a comunhão de um público com um espetáculo vivo", sente a insuficiência da definição. O que falta é a "consciência de uma cumplicidade" que mencionamos no início: trata-se de uma *representação*.

Na verdade, o teatro nasce no instante em que o homem primitivo coloca e tira sua máscara diante do espectador. Ou seja, quando existe consciência de que ocorre uma "simulação", quando a representação cênica de um deus é aceita como tal: a divindade presente é um homem disfarçado. Aqui começa o embrião da noção de *ficção* e também da noção de *fazer arte*. O teatro define seu terreno específico. E, naturalmente, enquanto para os idealistas sua essência pode ser até mesmo divina, para os materialistas seu significado é concreto. E pertence aos homens.

IV

De tudo isso, o que permanece no teatro de hoje? O mais justo, aliás, será afirmar logo que hoje não existe *um teatro*, mas *vários*. As mais diferentes e mesmo antagônicas tendências coexistem pacífica ou não pacificamente. É frequente localizarmos, num mesmo espetáculo, caminhos ou soluções que se contradizem. E, às vezes, deste conflito na articulação interna da narrativa nasce uma inesperada coerência. As mais radicais experiências frequentemente abalam os alicerces das poucas certezas.

Diferentes concepções do significado da arte buscam soluções distintas, mesmo quando entre elas existe um consenso ideológico. O individualismo exacerbou a necessidade de o artista trilhar propostas pessoais. Mas, mesmo artistas que não fazem do individualismo um princípio de existência, diante de diferentes condições de trabalho, participando de contraditórias realidades sociais que postulam formas distintas de comportamento e posicionamento crítico, revisam conceitos e preconceitos. Se a isso somarmos todos aqueles que fazem da investigação formal um fim em si mesma ou que fazem do estilo pessoal uma seita egoísta e narcisista, fechada e intransferível, teremos uma imensa quantidade de tendências. Juntas, por mais contraditórias e antagônicas que possam ser, constituem o complexo e múltiplo produto cultural de nossa época.

Por outro lado, quando Marx afirma que a vida social determina a consciência, isso não exclui uma relativa margem de autonomia. Nem implica o aniquilamento da coexistência de manifestações desiguais: há um forte vínculo entre os produtos artísticos de uma época e os das épocas seguintes. E inclusive o fato de serem transformadas as condições de estrutura econômica de uma sociedade não produz, automaticamente, o desaparecimento dos produtos culturais de um instante histórico. Muitas vezes permanecem durante largo tempo. E às vezes até atingem seu máximo florescimento no momento de crise de uma base econômica ou nos estertores de uma estrutura socioeconômica já superada pelo processo revolucionário.

Vivemos numa sociedade dividida em classes, onde as ideias dominantes são as ideias das classes dominantes. Mas o pensamento subalterno também produz sua cultura, dentro de contradições específicas: o processo criativo mantém o esforço do homem em sua batalha pela libertação ou pela cotidiana luta pela construção de uma nova sociedade. O que não exclui que seria totalmente falso imaginar que os estados capitalistas produzem um teatro diferente do que é produzido nos estados socialistas. Mas, se diversos aspectos coincidem, outros se diferenciam cada vez mais. O novo nasce do velho, mas durante muito tempo é possível que um processo cultural conserve em evidência, em precário e temporário equilíbrio, os termos antagônicos de uma contradição. Uma das características mais autênticas do teatro de hoje é que ele se busca a si mesmo. É evidente que alguns caminham com mais segurança que outros. Mas as experiências acabam se enriquecendo umas às outras. É preciso inclusive não esquecer que, como afirma o crítico francês Bernard Dort, hoje não mais existe um único público, aquele público burguês ao qual se referia a crítica do século XIX, mas sim *vários públicos*.

V

Afinal, o que permanece nos *vários* teatros de hoje? Muito pouco, em relação ao que vimos. Um espaço, um homem no espaço, outro que o observa? Algumas tendências do teatro contemporâneo excluem a necessidade de um espaço próprio e definido para a realização da manifestação teatral. Mas, no sentido mais amplo da palavra, este espaço poderá ser qualquer espaço: uma

Boal e Brecht

esquina, uma loja, um restaurante, um trem etc. Como afirma Augusto Boal, que formula a proposta radical de um "teatro invisível", no qual o espectador só tem conhecimento e consciência de ser espectador, o teatro poderá ser realizado *até mesmo nos teatros*. E *até mesmo pelos atores...*

Um homem observa o comportamento de outro homem – ou seja: um espectador e um ator, ainda serão a condição mínima? Em certo sentido talvez seja possível estudar o processo histórico da produção da cultura teatral através das diferentes formas ideológicas que assumiu, em função de diferentes necessidades sociopolíticas, este desafiador relacionamento. Ao que tudo indica, aqui está o intrigante centro do questionamento.

Mas é necessário lembrar que existem projetos que pretendem anular mesmo estes componentes que parecem indispensáveis. Boal, por exemplo, chega a afirmar que "espectador" é uma palavra obscena. Certas técnicas de suas propostas, definidas como "teatro do oprimido", acentuam a necessidade de eliminar aquele que "assiste", libertando-o de uma condição que seria, necessariamente, opressiva. Resumindo, para Boal a poética do oprimido se transforma na poética da libertação: no projeto de Aristóteles, o espectador delega poderes para que o personagem pense e atue em seu lugar; no projeto de Brecht, para que o personagem atue mas não pense em seu lugar (a experiência teatral seria reveladora no nível da consciência, mas não no nível da ação). Para Boal, *teatro é ação*. Pode não ser revolucionário, mas é um ensaio da revolução. Seu objetivo é fazer com que o "espectador", nas experiências de "teatro-foro", interrompa a ação dramática, incorporando-se àqueles que a conduzem, formulando, através de representação, sua compreensão e capacidade de agir.

Eliminar o espectador não implica eliminar a mais elementar ideia de teatro?

Outros pretendem (e não estamos nos referindo a casos particulares, como o teatro de bonecos ou de sombras) anular o ator. Manifestações de anárquico radicalismo, como os *happenings*, defendem uma transgressão de todas as leis da elaboração da obra de arte. Nestes eventos, a própria noção de espetáculo acaba sendo suprimida: o projeto transforma-se em realidade, a ficção é substituída pela verdade. Qualquer pessoa pode protagonizar e conduzir a ação, inventando um comportamento ou simplesmente extravasando impulsos.

Enfim, em casos extremos, a noção de representação é suprimida ou relativizada a ponto de ser impossível saber se o que acontece pertence ao campo da invenção ou da realidade. Em certos casos, inclusive, esta ambiguidade é tida como essência da manifestação proposta. Continuamos no terreno do teatro?

VI

Contestada a "consciência da cumplicidade", assim como eventualmente suprimidos os dois sujeitos desta possível cumplicidade, ator e espectador, abolidos o espaço e a mais elementar noção de espetáculo, o que resta? Na melhor das hipóteses é possível reconhecer, com certa generosidade, que nestes extremos, para tentar sobreviver, o teatro não hesita em negar-se a si mesmo.

Frente a tais excessos, parecem até secundárias uma série de valiosas objeções que, por exemplo, se colocavam contra a noção de que ator e espectador bastavam para determinar o nascimento do mais elementar ato teatral. Muitos recusam o que lhes parece uma grosseira simplificação, reivindicando o reconhecimento de uma indivisível santíssima trindade: o ator, o espectador e, primordial e sempre presente, o autor. Esta questão não é nada desprezível e nos remete ao centro do problema da criação teatral.

Indagar quem teria surgido antes, o autor ou o ator, pode parecer uma pergunta tão desgastada quanto investigar quem apareceu antes, o ovo ou a galinha. A necessária existência de um autor não pode também ser confundida com uma visão restritiva do problema. A realização de um espetáculo, ensaiado ou improvisado, formalmente rígido e acabado ou aberto e deliberadamente incompleto, pressupõe uma proposta temática e ideológica. E uma organização cênica básica, mal ou bem definida. É evidente que em muitas ocasiões, inclusive no exercício do mais absoluto improviso, a figura do autor pode confundir-se com a do ator. Mesmo que seja uma identificação circunstancial. É igualmente evidente que o autor pode ser mais que um, dissolvendo-se a autoria no coletivo de trabalho. A questão coloca sérias interrogações: será o ator, elemento central e agente criativo do espetáculo vivo, único indispensável, um indivíduo limitado à condição de intérprete? E não apenas intérprete da realidade e dos homens, mas também de propostas ideológicas ou projetos artísticos que o utilizam como instrumento?

VII

Um espetáculo de teatro, seja tragédia ou comédia, drama ou revista musical, mímica ou ópera, pode ter como ponto de partida um texto escrito em seus mínimos detalhes. Com diálogos completos e indicações cênicas, expondo conflitos entre personagens perfeitamente delineados e narrando as relações que os homens estabelecem entre si em determinadas circunstâncias. Como obra literária – e também musical, no caso de opereta, ou de ópera – está completa: como texto teatral, entretanto, exige, para realizar-se integralmente, ser encenado. Ou seja, assumir o espaço cênico, corporificado por intérpretes que, obedecendo a uma concepção preliminarmente estabelecida, criem um confronto de emoção e raciocínio com os espectadores. Mas nem todo espetáculo necessariamente existe a partir de um texto. Pode, por exemplo, nascer de simples indicações de ação e conflitos. Ou transformar em matéria cênica uma proposta de trabalho vagamente redigida, um poema, uma narrativa que sugira elementos cênicos, uma ideia inicial a ser improvisada numa prática imprevisível etc. O autor desses diferentes estímulos iniciais será finalmente o autor do espetáculo? Na melhor das hipóteses poderemos responder: nem sempre.

Existe uma escrita literária, também chamada *escrita dramática*, que efetivamente pertence ao domínio do teatro, mas igualmente tem seu espaço na história da literatura. Existe uma *escrita cênica*, que desenvolve uma linguagem específica, que frequentemente parte da escrita dramática. Mas nem sempre.

Mais um aspecto exaustivamente discutido através da trajetória histórica do teatro: como se estabelecem as relações de liberdade e/ou subordinação entre o autor da obra literária (sobretudo quando se trata de um texto escrito enquanto literatura dramática, destinado ao palco e sem condições de atingir sua plenitude poética e ideológica quando é simplesmente lido) e o autor do espetáculo (aquele que organiza a linguagem teatral, tarefa desempenhada por muitos através dos anos, hoje resultado das opções e concepções do encenador)? Melhor: existem duas autorias? Ou uma delas é determinante e, predominando de forma decisiva, define o significado do espetáculo?

Principalmente a partir dos últimos anos do século XIX, a questão do encenador se impõe como fundamental. Homens que escrevem para teatro sempre existiram. Já o problema estético da encenação é mais recente. Ainda que o teatro, é evidente, tenha sempre tido encenadores: às vezes autores que pessoalmente orientavam seus espetáculos, às vezes atores que organizavam a disciplina e o trabalho de seus companheiros, às vezes cenógrafos que chegaram a impor suas concepções visuais ao conjunto, às vezes contrarregras ou coreógrafos ou professores de arte dramática etc. Desta fase artesanal passou-se para uma fase criadora e crítica: a partir da necessidade de coordenar elementos técnicos, cada vez mais complexos com o desenvolvimento progressivo de recursos mecânicos para a cena e com a introdução da luz elétrica, o encenador acaba transformando-se no responsável pela visão unitária e coerente do produto teatral, marcando cada espetáculo com sua postura ideológica.

Simplificando um processo complexo, se estudarmos as nem sempre pacíficas relações entre dramaturgos e encenadores, sobretudo nas últimas décadas, será possível esquematizar uma divisão da história do espetáculo em dois campos opostos: aquelas poéticas (formulações teóricas e práticas não necessariamente ligadas a um sistema geral de filosofia, mas coerentes com uma experiência concreta) que definem o teatro como o local onde o "Verbo se faz Carne", e portanto "a Palavra é mãe e soberana", cabendo a todos os artistas e técnicos a missão de ilustrar e traduzir cenicamente os textos literários a partir da submissão humilde de 'uma postura de total e absoluto respeito; e aquelas poéticas que, ou negam a superioridade do texto, considerando-o exclusivamente um pretexto para uma criação pessoal, ou partem em busca do sonho de um teatro total, ou com firmeza recusam a ditadura da palavra, ou, na mais serena das hipóteses, procuram compreender o espetáculo, se não como valor hegemônico, ao menos como algo independente do texto.

É evidente que o extremismo destas colocações apenas encobre a questão essencial. E, supondo a existência de uma escrita dramática, o objetivo do encenador que aceita a ideia de que a tarefa social do teatro está prioritariamente contida na responsabilidade do espetáculo, instante único e insubstituível de diálogo e reflexão com o público, consiste em estabelecer uma relação dialética com o texto que lhe serve de ponto de partida. Interpretando-o criticamente em função não de conceitos ou suposições pessoais, mas em função de uma análise objetiva que nasce de sua compreensão da verdade histórica do texto e da realidade concreta e contraditória que o cerca, na qual seu espetáculo será inserido. Não se trata, portanto, de cultivar o falso respeito nem a ingenuidade do ridículo desprezo: o essencial é saber assumir um confronto crítico. A quem, afinal, o encenador precisa ser fiel e a quem precisa servir? Seu primeiro e fundamental compromisso, sem dúvida, é com seu tempo e com sua realidade.

O teatro existe na duração do espetáculo. Uma arte autodestrutiva. Como insiste o encenador inglês Peter Brook, uma arte sempre escrita no vento. Mas que se realiza a partir de uma tomada de consciência de si mesma: a realidade do teatro, insistem os seguidores de Brecht, é sua *teatralidade*. São os meios através dos quais é possível chegar à realidade para transformá-la. Explica Bernard Dort: "Hoje, se queremos fornecer reproduções realistas da vida social, é indispensável restabelecer o teatro em sua realidade de teatro".

VIII

Do primitivo instinto de ser outro, da necessidade do disfarce e do jogo lúdico, da vontade do homem de ver-se a si mesmo reproduzido, do ritual religioso ou profano, da magia e da mais primária imitação da natureza, o espetáculo ganhou dimensão própria. Definiu seu campo de ação, respondeu às exigências dos homens, até enquanto veículo de informação. Situou-se e participou da vida das sociedades: entregou-se à religião, à política, ao vazio nihilista ou ao apocalipse anárquico. Acabou transformando-se, sobretudo hoje, às vezes em campo experimental menos ou mais comprometido com o esforço coletivo do homem para dominar a natureza e a sociedade, ou em campo de radicalizações nem sempre amadurecidas, mas ditadas por impulsos de incontida busca de novos recursos expressivos. Transformou-se o espetáculo em pura e simples mercadoria, sujeita às leis do comércio. Oscilando entre crises de oferta e de procura, inserida na disputa da livre-concorrência proposta pelo sistema capitalista de produção. Uma mercadoria às vezes até bastante rentável, manipulada por empresários interessados unicamente na lógica do lucro. Embalada para presente, vendida em "supermercados culturais", onde se organiza o tráfico multinacional da mentira e da mistificação, não deixará de ser mercadoria – inocente ou perigosa, necessária ou supérflua –, dentro da lógica da produção capitalista. Mesmo enquanto cultura, terá este dúplice componente, e como tal deverá ser compreendida e usada. Engajado, o teatro sempre esteve ou na defesa de valores progressistas e mesmo revolucionários ou, até por omissão, empenhado na defesa de ideias conservadoras. Mas para os que não se submetem, os que recusam o silêncio e não aceitam compactuar com a comemoração ou a encenação da mentira, o teatro, assumido enquanto tal, pode ser a origem de um *ato produtivo:* para o espectador, um espetáculo pode ser não o simples reconhecimento de sua subjetividade, mas sim o *conhecimento de sua existência como ser social.*

O teatro já foi cúmplice em etapas obscuras do pensamento, que produziam o ritual e a cerimônia como formas de cultuar o irracional e manter os espectadores como prisioneiros da impotência. Hoje o público poderá integrar-se na dialética histórica. E a noção de *produtividade,* na qual insistem Brecht e os que retomam suas proposições teóricas, reside justamente no estabelecimento de um ato de conhecimento, divertido, dialeticamente aberto, entre o *ator,* o homem que ocupa o espaço cênico, e o *espectador,* aquele que observa seus gestos, palavras e movimentos. E a tarefa histórica e crítica do terceiro componente da "santíssima trindade", o autor, certamente o *encenador,* será justamente a de *relacionar ator e espectador com* a *totalidade histórica.*

Wekwerth encontrou palavras precisas para definir esta comunicação, centro da reflexão de hoje sobre a questão teatral: atores e espectadores se enfrentam, no espetáculo, como dois grupos de *produtores,* entretendo-se mutuamente, criticando-se e revelando-se *mutuamente necessários.*

COMO SE FAZ TEATRO?

I

Como se faz e como se consome teatro? Impossível uma resposta completa e difícil uma aproximação minuciosa e ampla. Mesmo que, desde logo, nos limitemos ao que acontece hoje: mais que em outras épocas, são incontáveis e contraditórias as tendências, os projetos e processos de trabalho e produção. Inicialmente tudo dependeria até de precisar dados nada insignificantes, sem os quais é impossível arriscar qualquer tipo, mesmo esquemático, de sistematização, como: onde?, quando?, como?, por quem?, por quê?, para quem? etc. Vamos tentar encontrar alguns denominadores comuns, acentuando sempre que possível certas alternativas, para fazer com que este capítulo possa incluir o teatro tradicional e o experimental, o responsável e o irresponsável, a produção cultural e a produção comercial, o espetáculo popular e o elitista. E que também não exclua a feitura e o consumo de espetáculos que apresentam características mais particulares e especiais, como por exemplo a pantomima ou a ópera. É preciso ainda não esquecer que o teatro pode ter como meta um público infantil ou de adolescentes ou de adultos.

Alguns pontos serão artificialmente tratados, como se fossem etapas isoladas, quando na verdade se processam juntos.

II

Como começa um espetáculo? Em linhas gerais, podemos admitir duas grandes hipóteses: ou existe um esquema de produção, seja de que natureza for, que pode ou não ter um projeto de trabalho definido, ou existe um projeto de trabalho, seja de que natureza for, que pode ou não ter um esquema de produção já armado.

O que é um esquema de produção? Pode ser uma empresa que tem por objetivo a produção de espetáculos comerciais e/ou culturais, de estrutura capitalista, mantendo uma estrutura interna que implica a existência de patrões e empregados assalariados, fixos ou contratados para certo trabalho ou por tempo de serviço. Esta empresa pode ser propriedade privada de um ou mais associados, que eventualmente serão também integrantes das equipes artísticas de criação, como poderão igualmente ser meros fornecedores de condições econômico-financeiras de funcionamento. Mesmo em países capitalistas, pode haver o caso de existirem também empresas estatais de produção de espetáculos de teatro, mas também as empresas privadas podem ser subsidiadas. Ou regularmente auxiliadas por generosas ou escassas verbas especialmente destinadas à produção cultural, através de organismos oficiais, estaduais ou regionais ou mesmo federais. Nos países socialistas os teatros são propriedade do Estado, e artistas e funcionários são empregados públicos. A estabilidade de trabalho, assim como a continuidade de funcionamento de uma mesma equipe artística, evidentemente, é assim mais assegurada. O que não significa que isto não exista, inclusive enquanto esforço difícil, mas aceito como necessário para a manutenção da qualidade, em empresas privadas de países capitalistas.

A forma de produção pode também ser uma cooperativa, na qual todos os membros dividem lucros e perdas por igual ou segundo critérios diferenciados, em função das atividades que exercem ou até mesmo do tempo de trabalho. Em certos instantes históricos em que a produção capitalista atravessa períodos de crise, a estrutura de produção tem frequentemente assumido, por iniciativa de artistas e intelectuais, com menor ou maior êxito, a forma de cooperativas, sem dúvida uma forma superior de relação de produção.

O esquema de produção pode não ser profissional. É o caso de grupos formados por estudantes ou por trabalhadores, por sindicatos ou entidades culturais ou religiosas, ou políticas, por profissionais liberais etc. Inúmeras vezes os espetáculos amadores são apenas degraus iniciais para aqueles que pretendem assumir o teatro como profissão. Mas inúmeras vezes são o resultado de uma escolha consciente: recusa de integrar os circuitos comerciais, por fidelidade a projetos ideológicos julgados incompatíveis com a escravização à necessidade de lucro. Ou opção de fazer teatro como atividade paralela à atuação em outros campos da vida social. Manfred Wekwerth chama a atenção para o fato de que não há sentido em pensar que o teatro profissional possa ser superior ou inferior ao amador. Nem será justo imaginar este último como uma atividade que tem o primeiro como modelo. As vantagens do profissional, como aperfeiçoamento técnico e a dedicação integral, têm desvantagens, como o vício de fechar-se em seu próprio universo de trabalho, dirigindo seu olhar mais à desgastada rotina teatral do que à real idade. Em contato diário com diferentes segmentos da produção social, os amadores poderão trazer uma contribuição essencial para seus trabalhos teatrais. Para uns e para outros trata-se de saber usar as vantagens, sabendo deixar de lado as desvantagens.

Enfim, produção capitalista ou socialista, profissional ou amadora, com projetos culturais e políticos ou de pura e simples diversão inconsequente, esquemas voltados para a defesa de valores e tradições conservadoras ou para a aventura da pesquisa e da experimentação, é evidente que a forma de produção é determinante do significado ideológico do produto realizado. Trabalhar dentro de um ou outro esquema, escolher ou ser escolhido, aceitar ou transformar as imposições de produção como rígidas ou maleáveis, são circunstâncias que especificam a natureza dos projetos. E também determinam os processos de trabalho.

III

O que é um projeto de trabalho? Na melhor das hipóteses, numa resposta bastante geral, é a escolha de uma forma de participar e atuar na vida sociopolítica de uma comunidade, utilizando o teatro como instrumento a serviço da transformação, vinculado às demais forças progressistas que se propõem a construir uma sociedade fundamentada no exercício pleno dos valores democráticos. Mas um projeto de trabalho pode ser bem menos ambicioso. E bem menos responsável: talvez um simples passatempo, jogo inconsequente, um exercício formal, a tentativa de discussão de um tema ou de uma forma de comportamento, a experiência de uma linguagem, a expressão de uma angústia individual ou de um desespero particular etc. O mesmo Wekwerth acentua a necessidade de realizar um novo gênero de diversão, aquela que é oferecida pela grande e constante produtividade da vida cotidiana: "mais além dos grandes personagens, nosso olhar se interessa pela sociedade que os faz nascer. Para nós o indivíduo é uma rede de relações (...) a vida dos homens entre eles, naquilo que possui de visível, é mais interessante que suas vidas interiores". Para isso, pede atores "que não mergulhem nos insondáveis abismos da alma, mas que observem e representem as relações explicáveis que os homens estabelecem uns com os outros (...) nós temos necessidade de comediantes que compreendam que o ser social determina a consciência e que sejam capazes, na cena, de dar ao mundo uma representação conforme a esta evidência".

IV

De onde nasce a encenação? De um texto dramático? De um poema? Da adaptação de um romance, de um conto, de um roteiro cinematográfico? Da adaptação de outro texto teatral? De uma canção? De uma ideia vaga? De uma imagem? De uma série de temas ou sugestões apenas indicados, estímulos para uma tentativa de exercício criativo que só se corporifica na prática e diante do público, talvez mesmo dependendo inteiramente da reação deste? São infinitas as hipóteses.

Vamos admitir, tendo presente a noção de que as exceções apenas confirmarão as regras, que o ponto de partida existe. E, bem ou mal, com duas frases ou duzentas páginas, está escrito. Caso contrário, cairíamos no terreno da mais pura gratuidade. Alguma coisa existe de concreto. Talvez até mesmo uma peça de teatro...

Como se chegou a este texto? É a obra de algum dramaturgo, nacional ou estrangeiro, contemporâneo ou clássico, desconhecido ou conhecido, inédito ou editado ou já encenado? Novamente, mil e uma hipóteses. O texto, por exemplo, pode ter sido escrito sob encomenda daqueles que se interessam em produzi-lo. Pode ter sido encenado através dos séculos. Mas agora surge, pelas mais diferentes razões, um projeto de trabalho que prevê sua releitura a partir de novas perspectivas. O fato de pertencer à galeria imortal dos clássicos não impede que venha a ser retomado. Brecht insiste em que a grandeza das obras clássicas é uma grandeza humana, não uma grandeza formal para ser colocada entre aspas.

O grupo, entretanto, poderá ter redigido seu próprio texto ou roteiro básico. Uma prática que hoje ganha espaço, também no nível da encenação, é a da chamada "criação coletiva". Uma recusa do autor como autor isolado e único, distante daqueles que o traduzirão cenicamente: a partir de uma inquietação ou de um tema julgado prioritário para determinado instante, o grupo, mantendo ou não alguns de seus membros numa posição relativamente privilegiada, improvisa, através de exercícios. Produz, assim, o desenvolvimento dramático de determinadas situações. Nestas hipóteses, que em nada invalidam ou prejudicam a importância do trabalho isolado dos dramaturgos ou dos poetas e escritores que contribuem com textos para teatro, o trabalho de encenação, em certo nível, nasce paralelo ao trabalho de redação do texto. A dissolução do individual no trabalho de grupo, ainda que problemática, torna o resultado mais orgânico.

V

Onde mostrar o espetáculo? A questão do espaço cênico, essencialmente histórica, parece secundária. Na verdade, é decisiva. Louis Jouvet, afirmando que na ressurreição de uma estética dramática a palavra pode enganar, mas o edifício nunca, chega a dizer que um dia talvez seja possível estudar a arte teatral a partir de sua arquitetura. Ou seja, descobrir o sentido de Ésquilo estudando as ruínas dos anfiteatros gregos.

O espaço cênico é uma imposição ou uma opção, ambas de natureza social. Aparentemente pode parecer que pouco mudou entre a forma clássica dos anfiteatros gregos e os teatros de arena, ou circulares, dos dias de hoje. Mas a aventura do espaço cênico é um dos capítulos mais reveladores da aventura do teatro. O espaço grego não mais serviu para a Idade Média, onde o teatro apodera-se inicialmente dos altares e das naves dos templos, passando depois aos degraus das igrejas, finalmente conquistando as praças e as ruas. No período elisabetano o teatro fecha-se em estalagens e currais. No século XVII será novamente aprisionado no chamado "palco italiano", que até hoje domina: a "caixa", elemento básico do edifício teatral, onde se encerram os mecanismos e a magia, onde o ator se mostra, como num "aquário", para o público que ocupa poltronas, camarotes, galerias etc. Em muitas épocas o espaço teatral foi democrático. Em outras, afirma e consolida a divisão de classes. No espaço elisabetano, galerias e balcões estavam reservados para a nobre aristocracia: o povo se aglomerava em volta do palco, que avançava para o público. No teatro italiano tradicional, poltronas e camarotes para os que pagam mais, enquanto o povo tem a sobra das galerias e arquibancadas, sem conforto e sem visibilidade perfeita. Mas o teatro nunca abandonou totalmente as praças, não entregou as ruas, não se ausentou das feiras populares.

O que é o espaço teatral hoje? Tudo. Uma esquina, um restaurante. Um ônibus, um galpão. Até mesmo um teatro tradicional. Basicamente, duas hipóteses são possíveis: usar os espaços tradicionalmente reservados aos espetáculos ou negá-los, inventando quaisquer outros. Hoje, mais que nunca, a escolha determina uma opção de profundas consequências no plano da linguagem e da ideologia.

Na verdade, em termos de estética teatral, o problema é mais amplo: cada proposta de espetáculo, em termos ideais, a partir das questões de estrutura que propõe, deveria ter a chance de escolher seu próprio espaço. Pois esta opção está diretamente vinculada ao projeto visual de encenação e cenografia. Mesmo inevitável, em muitos casos, a aceitação do espaço imposto sem dúvida coloca limites, em termo da linguagem, que não deveriam existir. Na maior parte dos casos, entretanto, só poderão ser rompidos se a sociedade for transformada.

Espaço teatral e cenografia caminham juntos. A inteligência do cenógrafo geralmente se manifesta em dois planos: sensibilidade para usar e renovar, em cada trabalho, o espaço tido como habitual em seu tempo, ou perspicácia histórica de ser um agente transformador deste espaço, em função de novas exigências sociais ou estéticas do espetáculo.

Coriolanus, *de Shakespeare, em adaptação de Brecht e
encenação de Manfred Wekwerth para o* Berlinger Ensemble.

VI

O projeto de encenação pode ter sido sugerido pelo próprio encenador. Ou por um grupo, ao qual pertence. Mas pode acontecer que o encenador tenha sido chamado para realizar um espetáculo. Neste caso, sua aceitação implica uma responsabilidade e um compromisso. A qualidade do texto proposto, ou mesmo sua potencialidade, uma vez criticamente retrabalhado em função de ideias objetivas que nascem das exigências do instante histórico, pode determinar a razão da aceitação. Mas qualidade não é um valor intemporal ou sagrado. Em determinadas circunstâncias, um texto até então considerado como superior é deliberadamente deixado de lado em favor de uma proposta mais modesta, mas mais eficaz, capaz de constituir-se, em certas condições, em estopim para uma criação de extrema vitalidade, inovadora e polêmica.

Existindo um encenador (no caso da ópera é oportuno lembrar que o regente ou diretor musical trabalha em pé de igualdade com o encenador, às vezes até com mais autoridade criativa), cabe a este a organização imediata de sua equipe de trabalho, na qual sua visão será inserida, diante da qual sua proposta crítica será criticamente submetida a um processo dialético de busca. Dependendo das necessidades da proposta, um ou vários assistentes de direção, cenógrafo, figurinista, diretor musical, coreógrafo etc. Estas funções dispensam maiores comentários. Basta lembrar que é necessário que estejam unificadas por uma consciência de que o trabalho coletivo sintetiza necessárias divergências, como estímulos indispensáveis para um resultado final. Que deverá ser a convergência dialética de contradições que não interessa anular mas, ao contrário, provocar e incentivar. Neste nível tem sentido a afirmação de que a arte do encenador é a arte de provocar dúvidas, perplexidades, incertezas. Despertar perguntas, não respostas definitivas. Tanto no processo de trabalho como na escolha de seus colaboradores, é imprescindível que o encenador unifique o debate sem pretender anular as contradições: é essencial buscar a unidade dos contrários.

O processo de discussão deverá ser aprofundado. Um parâmetro irrecusável: a realidade. Nada de definitivo: as primeiras soluções podem ser recusadas, ao menos questionadas. O coletivo de criação se empenha numa aventura incerta, mas fundamentada na consciência de que qualquer falsidade ou ilusão só poderá resultar em paralisação do processo. Pouco a pouco tudo passa a ser assimilado de forma crítica: o pensamento se revela um motor em permanente movimento, insatisfeito consigo próprio, incansável. Perplexidades, dúvidas, desconfianças, deliberada superficialidade: é preciso um esforço desmedido para exprimir a verdade das relações dos homens entre si. Nenhum suor deve ser poupado.

Em função das propostas e de seu inesperado encaminhamento, novos colaboradores serão escolhidos. Formam-se grupos internos e externos para efetivarem o trabalho. O elenco será selecionado. Serão os atores os instrumentos vivos da reflexão a ser proposta. Todo cuidado é pouco: eles são o elemento decisivo.

VII

Quem são? Profissionais ou amadores, principais e secundários e figurantes, qual o sentido do exercício de uma atividade, em teatro, eminentemente autodestrutiva? O ator existe no instante do espetáculo. Detém um poder imenso e irreversível. Existe teatro sem a presença física do ator? O teatro pode dispensar tudo, salvo o intérprete. O que não significa que o ator seja sempre o centro do espetáculo. Mas, mesmo se determinada proposta de trabalho situá-lo num plano secundário, valorizando outros recursos, sua necessidade não é atenuada. Porque prossegue indispensável. O que tem sofrido profundas alterações, em função do processo histórico, é sua função.

Seu nascimento confunde-se com o nascimento do próprio teatro. É provável que os primeiros intérpretes tenham sido sacerdotes. O primeiro que tem seu nome registrado na história do espetáculo é o grego Téspis, que em 560 a.C. teria introduzido, na dramaturgia primitiva, fundamentada no canto poético, o diálogo e o personagem.

A trajetória do ator através dos tempos, resistindo refugiado nos currais ou conseguindo penetrar nos salões da nobreza, é uma aventura rica de episódios grandiosos e trágicos. Frequentemente cercada por uma auréola da fantasia e romantismo que tende a idealizar uma profissão muitas vezes perseguida e desprezada por leis dos homens ou por princípios religiosos. Em muitos instantes históricos o ator foi equiparado ao salteador. E a atriz, quando finalmente conseguiu existir, já que durante muito tempo as mulheres estavam banidas da cena e os papéis femininos eram desempenhados por homens, foi equiparada à prostituta.

Profissão capaz de ser condenada, em algumas sociedades repressivas, mas exaltada em outras, propiciando ascensão social e prestígio, fazendo alguns saírem do anonimato para uma glória muitas vezes passageira, a arte do ator de teatro é essencialmente perecível. Cinema e televisão registram interpretações, mas o ato vivo da representação teatral acaba no instante em que é realizado.

A história do teatro é também a história das diferentes concepções do trabalho do ator.

O trabalho do ator pressupõe treinamento constante e aperfeiçoamento técnico, além de inteligência e sensibilidade atentas à observação da vida social, ao entendimento das relações de produção e suas consequências no cotidiano social dos homens. Um vigoroso treinamento físico, pois seu corpo é seu instrumento de trabalho. É um estudo constante, alimentado pela inquietação e desconfiança em relação ao que lhe é apresentado como conhecido ou definitivo. Pois a matéria-prima de seu trabalho são os homens e a sociedade.

A questão essencial que parece perseguir a análise do trabalho do ator, através dos tempos, à primeira vista pode parecer quase absurda: afinal, o ator *vive* ou *representa* seu papel? É evidente que ninguém, sem perder o mais elementar controle de suas faculdades mentais, pode deixar de ser quem é para transformar-se em outro. Ainda mais no exercício de uma atividade que depende do controle de sentimentos, gestos e movimentos. E que se fundamenta na aceitação elementar do princípio básico da convenção. Mas entre viver e representar o papel é possível compreender nuances. O próprio conceito de "verdade ", no caso da representação teatral, pode ser objeto de uma análise menos rígida e mais reveladora. Afinal, como afirmou o ator russo Schepkin, "pode-se representar bem e pode-se representar mal, o importante é representar verdadeiramente". E o encenador russo Stanislavski explica em que consiste "representar verdadeiramente": "significa estar certo, ser lógico, coerente, pensar, lutar, sentir e agir em uníssono com o papel". Para dosar o viver e o representar foram criadas, em função dos objetivos do espetáculo, dos processos sociais em transformação, portanto em função do exercício de ideologias, uma série de técnicas.

Por exemplo: para nos restringirmos a problemas mais recentes e gerais, visando a cumprir aquilo que coloca como objetivo fundamental do teatro, "criar essa vida interior de um espírito humano e dar-lhe expressão em forma artística", Stanislavski, desprezando – com razão – a gratuidade e a incerteza da romântica ideia de inspiração, desenvolveu e sistematizou um "método " para o ator, a partir de si mesmo e de sua capacidade de observação. Fazer de seu próprio subconsciente um material utilizável pelo seu consciente. Sua intenção primeira, em perfeito acordo com a estética que defende, é fazer com que o trabalho do ator, identificado ao máximo com seu personagem a ponto de dar a impressão de que ambos são uma coisa só, provoque a identificação do público com este personagem, criando assim uma relação de vigorosa empatia e verdadeiras emoções entre palco e plateia. Já Bertolt Brecht, ao contrário, acentuando que a busca desta identificação foi uma técnica histórica válida em determinado momento, a serviço de uma proposta ideológica que vinha ao encontro dos interesses da burguesia, propõe, como técnica fundamental para um teatro a serviço do proletariado, para a elevação consequente de uma arte marxista, a técnica de distanciamento: que o ator não procure se anular diante do personagem, não se confunda com ele, mantendo-se em postura de quem mostra um comportamento ao público, mostrando que está realmente "mostrando", utilizando mesmo as emoções e os sentimentos, mas sempre sabendo racionalmente como travar este diálogo essencialmente crítico com a plateia, impedindo que esta se identifique e acabe sendo anestesiada pela representação. É curioso observar, entretanto. que ambas as técnicas não se excluem. Brecht supera Stanislavski de forma dialética, sem deixar de incorporar sua inestimável contribuição ao teatro moderno. Brecht chegou a afirmar que seu processo de trabalho naturalmente integra o trabalho do ator. Mas não o toma como ponto de partida. Enquanto encenador, Stanislavski partia do ator, mas Brecht partia do autor: da peça, suas necessidades e exigências. A distinção é maior: para Stanislavski, os personagens conduzem a narrativa: para Brecht acontece o inverso. Para o teatro dramático tradicional, a consciência determina o ser social; para o teatro épico e dialético, retomando o pensamento básico do marxismo, o ser social determina a consciência.

Mas no fim de sua vida o próprio Brecht se encarregou de desfazer esquematismos falsos. Uma resolução no sentido de abandonar totalmente a identificação, diz ele, não pode ser inteiramente aplicada. E acentua, corrigindo ideias que estavam sendo desprendidas de um de seus trabalhos teóricos fundamentais, o *Pequeno organon para o teatro*: não se trata de no teatro épico apenas representar, enquanto no teatro antigo apenas se vivia o personagem. Na realidade se trata de dois processos antagônicos que encontram sua unidade no trabalho do ator: "sua interpretação não comporta simplesmente um pouco de um e um pouco de outro. E seus efeitos mais autênticos nascem da luta e da tensão entre estas duas contradições, como também da profundidade da mesma. A redação do *Pequeno organon* é em parte responsável pelo mal-entendido; ela induziu muitas vezes erradamente por ter sublinhado, talvez com demasiada impaciência e de forma demasiado exclusiva, o aspecto principal da contradição.

Por outro lado, é preciso não esquecer que, na estrutura de produção capitalista, o ator é uma mercadoria. Os empresários vendem diversão e às vezes também cultura. Mas contratam e pagam seus artistas em função do que significam enquanto rentabilidade. Às vezes, inclusive, pelo prestígio que possuem. Investem num nome ou num talento, visando ao lucro na bilheteria. É frequente que o êxito e a fama façam o atoar perder esta perspectiva real e concreta da natureza de seu trabalho: quando não é ele o proprietário dos meios de produção, seu talento ou o reconhecimento efetivo do público não são o suficiente para que perca sua condição de assalariado. As cíclicas épocas de crises, quando cresce o desemprego, servem para lembrá-lo de que não desfruta, apesar das aparências, de nenhuma imunidade no mercado de trabalho. Nesses instantes, mais que nunca, artistas e técnicos fortalecem a união em associações de classe ou sindicatos, para, juntos ou separadamente, lutarem por seus direitos e reivindicações de trabalho e liberdade de expressão.

VIII

Em função das condições de trabalho, inclusive do orçamento disponível, e em função das necessidades específicas da produção, levando ainda em conta questões quase imponderáveis, o elenco é finalmente selecionado. Profissionais ou amadores, nomes já famosos ou principiantes, passarão agora, atenuando vaidades ou questões pessoais, a constituir um coletivo de trabalho. O teatro é uma arte grupal em todos os níveis: produzido graças ao esforço orgânico de muitos, dirige-se ao consumo de muitos. Não há ato solitário na atividade teatral.

Sem evitar certa hierarquia, ao contrário procurando incorporá-la e discipliná-la, a equipe de produção reúne diferentes subgrupos: setores mais vinculados à criação artística, setores administrativos setores técnicos, setores de publicidade e vendas etc. Estes subgrupos podem até nunca se encontrar, mas estarão de alguma forma coordenados: o êxito de um empreendimento depende bastante do exato entrosamento entre todos. Tarefas autônomas não excluem a exigência de rigorosa unidade. E nem a possibilidade de mútuas interferências. Mais importante: cada um destes grupos, à sua maneira, relaciona-se com a sociedade total. A concepção de um encenador, provavelmente predominante no processo de produção, só adquire corpo e efetividade se desdobra de forma criativa quando nasce enquanto provocação: nada existe de definitivo, tudo é problema, a dúvida precisa ser investigada, a incerteza pode ser o princípio da reflexão consequente, a paciência e a compreensão gradual são instrumentos vivos de conhecimento, a insatisfação e a desconfiança são elementos básicos para a sequência de interrogações que conduzirão a decisões.

Ao mesmo tempo todos os diversos setores – dos artistas aos técnicos – se colocam em movimento: começam os ensaios, figurinos são confeccionados e cenários construídos na medida em que são coletivamente concluídos e definidos, a música vem se incorporar à narrativa enquanto a linguagem dos arranjos é aprofundada, o trabalho de estudo e participação crítica dos assistentes se desdobra cada vez mais, o iluminador começa a pesquisar uma forma de contribuição efetiva ao esclarecimento da ação e da temática, maquinistas e técnicos dão início a um trabalho que se prolongará em cada espetáculo realizado; a administração assume suas tarefas ao mesmo tempo em que todo o trabalho ganha o público enquanto publicidade e esquema de vendas. O que é colocado diante do público é o que está sendo produzido. A partir da estrutura da produção, o espetáculo procura sua plateia, dependendo fundamentalmente de seu conteúdo sua possibilidade de venda: ou destina-se às elites ou às plateias populares, ou utiliza os canais habituais de promoção e divulgação ou ainda inventa seus próprios trilhos. Ou coloca-se à espera do público ou, literalmente, parte no encalço dele.

Os ensaios definem as soluções cênicas. Cria-se e aperfeiçoa-se uma linguagem de imagens e signos estéticos codificados. O encenador incentiva o prazer da reflexão e, quando é responsável e compreende a natureza de sua tarefa, sabe fazer surgir contradições onde aparentemente tudo já está resolvido. O encenador precisa ensinar a arte do questionamento, não das respostas. Para isso parte de uma análise "lacunar" do texto e, sem insegurança, incentiva o estimulante levantamento de dúvidas. Mas ele procura não perder o sentido essencial de seu trabalho: o que acontece em cena, como narrar a fábula de forma econômica e precisa; como encontrar a linguagem visual mais reveladora da relação que homens estabelecem entre eles; como esclarecer os acontecimentos sociais e em função deles encontrar os melhores movimentos e agrupamentos; como propor mais que definir e como saber definir quando é chegado o momento de precisar e fixar, ou não fixar, gestos e movimentos. Enfim, como fazer do ensaio um processo que não despreza o erro, porque sabe que pode ser a origem do acerto. Nem se precipita nas primeiras soluções, porque sabe que a atitude científica é inimiga da pressa e da facilidade. O erro é útil, se for reconhecido e solucionado, assim como as primeiras ideias só terão sentido depois de experimentadas na prática, depois de investigadas suas alternativas possíveis. O estudo do comportamento é sempre de natureza social e sua descoberta e comunicação é sempre um desafio. Sabendo, como ensina ainda Wekwerth, que o teatro se realiza no palco, não na cabeça do encenador, o trabalho prossegue num esforço coletivo em busca da verdade. É óbvio que existem outros métodos e processos de trabalho. Existem até mesmo, como já vimos, os que negam a necessidade do encenador. Entretanto, afirmando que o advento do encenador provoca no exercício do teatro o aparecimento de uma nova dimensão, a reflexão sobre a obra, Bernard Dort acentua que entre esta obra e o público, entre um texto "eterno" e um público que se modifica, submetido a condições históricas e sociais determinadas, "existe agora uma mediação". E acaba afirmando que o encenador moderno, ao mesmo tempo artista e técnico, "está em vias de afirmar o que talvez constitua sua mais profunda vocação: ser um educador popular".

IX

Seria impensável traçar aqui um apanhado, mesmo conciso, das relações históricas do teatro com o silêncio ou com a música. A trajetória da pantomima, por exemplo, dos gregos e romanos aos nossos dias, foi das mais fascinantes. Seu conceito foi sendo modificado, desde os primeiros gestos inspirados nas crenças religiosas, até hoje, quando existe como arte teatral quase autônoma, baseada numa gramática de silêncio e movimentos menos ou mais codificados (no Oriente a tradição criou um verdadeiro alfabeto, que o ator e o público conhecem, de gestos e expressões faciais sempre repetidas, mas também como instrumento de expressão para o teatro dramático). Na *commedia dell'arte* italiana atingiu um instante poético e crítico de extrema vivacidade. Na verdade todo o teatro contemporâneo busca a revalorização do gesto significativo: tanto a proposta política de Brecht, como a de Jerzy Grotowski na Polônia. Para este o ator precisa "quebrar barreiras que nos cercam, sair de nossos limites, para nos realizarmos e nos completarmos". Daí sua noção de representação não como a de viver um personagem, como em Stanislavski, nem de mostrar um personagem através de um processo de distância e estranhamento, como em Brecht. Mas, sim, para encontrar o que está por baixo de nossas máscaras cotidianas, o que constitui o núcleo mais secreto de nossas personalidades: fazer o ator usar seu corpo integral, como instrumento expressivo, num trabalho violento de autopenetração. Ele pede um ator "santo", para um teatro pobre.

A música esteve sempre presente no teatro, desde suas origens. Acompanhou a história das manifestações teatrais desempenhando um papel de variada relevância. Em certo nível é possível distinguir a música no teatro e o teatro musical. No primeiro caso, temos as composições que intervêm nos espetáculos, exigidas pelos textos dramáticos ou introduzidas pela concepção da encenação. Assim como outros recursos, hoje amplamente utilizados pelo teatro moderno, como a projeção de diapositivos ou integração da imagem cinematográfica na articulação do espetáculo, a música pode ser usada segundo as mais diversas perspectivas: como ilustração, para acentuar climas poéticos ou dramáticos ou sentimentais, como comentário de ordem crítica, como efeito de distanciamento etc. Desenvolvendo uma trajetória mais autônoma, a música deu origem a gêneros teatrais mais específicos, como a opereta, o café--concerto, o teatro de revista, o teatro musical etc.

Finalmente é preciso mencionar a ópera. Muitas vezes apenas valorizada enquanto música, mas, sobretudo nos últimos anos, graças ao trabalho de extraordinários encenadores, redescoberta e revalorizada enquanto teatro. Aqui é mais uma vez possível localizar estimulantes polêmicas sobre a verdadeira relação de hegemonia ou equilíbrio entre texto e partitura. Apesar da visível supremacia geralmente atribuída à orquestra e aos cantores, a ópera tem se revelado uma forma cênica de inesgotável teatralidade. Mas sua intimidade com a música tem sido tão absorvente que é infelizmente inevitável apenas aproximá-la, num livro como este, com a história do teatro dramático. É justo, entretanto, não menosprezá-la: é a linguagem cênica que atualiza criticamente a partitura, fundamentando uma imagem concreta, que restitui ou sufoca todo o significado dramático proposto pela música.

X

Organização que funciona como uma engrenagem, envolvendo um número imenso de colaboradores, a equipe que produz o espetáculo cumpre suas finalidades em função do próprio produto e em concreta relação com a sociedade. Profissional ou amador, tem seus objetivos e seu espaço. Nele atua com senso criativo ou conforme as tradições, acomodada ou provocativa. Em inúmeros casos, como já foi mencionado, a produção é amparada, estimulada ou conduzida pelo próprio Estado. Subvenções ou financiamentos auxiliam ou permitem as montagens, atrelando-as ou não ao poder vigente. Às vezes a legislação chega a admitir o teatro como serviço público, não dispendendo esforços para torná-lo mais acessível às camadas menos favorecidas. O que evidentemente cria laços e dependências ideológicas. Em muitos momentos, ou circunstâncias históricas, o teatro se exerce *contra* os poderes constituídos.

A arte sempre foi uma forma aberta de desafio e rebeldia, e o teatro tem assumido, em diferentes períodos de sua trajetória histórica, um papel de agente da contestação.

Revoltando-se com seus limitados instrumentos, às vezes simplesmente recusando-se a mentir e insistindo na reprodução da verdade, e isso através de uma postura crítica implacável, exercendo um confronto com a realidade objetiva a partir de uma perspectiva nacional e popular, o teatro muitas vezes tem provocado conflitos, sendo bloqueado e castrado pela reação do poder: a *censura*, exercida legalmente através de um aparelho jurídico arbitrário, que trai a liberdade de pensamento e expressão do homem, procura esvaziar o teatro de seu significado enquanto conhecimento e denúncia, procurando assim reduzi-lo a um papel insignificante e mesquinho, mistificador ou alienante. No Brasil, por exemplo, desde 1964, todo o processo de desenvolvimento de uma cultura realista e crítica, nacional e popular, enfrentou a violência da repressão oficial e mesmo a agressão física de organizações paramilitares de extrema-direita. É oportuno acentuar que nem sempre os regimes autoritários usam a censura policial: às vezes são mais sutis e não menos violentos, utilizando uma série de recursos que caracterizam a censura econômica. Subvencionado ou censurado, aceito *como* serviço público ou perseguido, exaltado ou vilipendiado, questionado ou fazendo da passividade sua razão de ser, protegido pelo Estado ou erguendo-se contra ele, o teatro tem conseguido, às vezes milagrosamente, sobreviver.

É evidente que as circunstâncias em que se insere, esbarrando com obstáculos ou encontrando facilidades para desenvolver-se, alteram substancialmente o rendimento artístico e o alcance social de um espetáculo e de todo o conjunto de produção em determinado período. Por outro lado, o enfrentamento com o poder adverso, em certos casos, conduz a uma pródiga redefinição de processos narrativos. Quando o cerceamento da liberdade de expressão não encontra diante de si uma atitude passiva, provoca um ato de rebelião: para ludibriarem o poder, sem cair na mentira ou na resignação, alguns encenadores, ou também dramaturgos, têm elaborado uma transitória gramática tática de recursos expressivos circunstanciais, nem por isso desprovidos de significado artístico ou de imaginação criativa.

XI

Finalmente o produto do coletivo de trabalho acaba confrontando-se com outro coletivo: o público. O espetáculo, resultado de um processo mais simples ou de uma estrutura bastante complexa, que utiliza não apenas os artistas mas também bilheteiro e porteiro, maquinistas e camareiras, pintores e carpinteiros, é o instante deste diálogo, que pode sempre fracassar. Um encenador já afirmou certa vez que a questão essencial do teatro é o êxito. A plateia, receba mal ou bem o que lhe é proposto de forma tradicional ou inovadora, é um grupo social variável e quase indefinível. E, sobretudo, divisível: Brecht insiste, ao contrário de muitos que afirmam que o ideal do espetáculo é a reação una e entusiástica do público, que numa sociedade dividida em classes não tem sentido procurar unificar os espectadores – o espetáculo que implica uma visão crítica do processo social tem a tendência de dividir o público, em função do que mostra e dos valores ideológicos que evidencia. Esta divisão é um fator positivo, uma vez que aprofunda a discussão de ideias.

A plateia, afinal, é o grupo receptor. Ativa ou passivamente, ela decodifica os signos que recebe. Não é um grupo casual, a não ser em certo tipo de experiências mais radicais que fazem do ato teatral um acontecimento imprevisível e até mesmo "invisível". A plateia, dificilmente homogênea, reúne indivíduos que, por diferentes razões, pagando ingressos ou não, procuram conscientemente a relação com o espetáculo. Neste sentido, ir ao teatro é um ato inserido, de forma habitual ou excepcional, no cotidiano da vida social. O teatro existe na sociedade e, naturalmente, a sociedade existe no teatro. Ambas as estruturas, uma parte integrante da outra, se complementam.

Brecht insistia em que no teatro existem a *arte do autor*, a *arte do ator* e também, exigindo ser cuidadosamente desenvolvida e incentivada, para auxiliar o processo de enriquecimento das duas primeiras, a *arte do espectador*. Na verdade, em sua postura diante do público, que às vezes inclusive aparenta desprezar ou se contenta em procurar agredir, o artista define seu grau de compreensão diante do real. Os melhores sabem como encontrar o nível de relacionamento possível, no sentido de encaminhar uma proposta concreta de reflexão sobre a sociedade. Mas deverão igualmente saber como não colocar-se nem além nem aquém dos limites precisos que o conhecimento do real poderá lhes fornecer. Só dentro destes limites, forçando com cautela, mas sem medo, o progresso de seus recursos expressivos e fazendo crescer, apoiada em condições concretas, a análise do processo histórico, o artista se torna socialmente útil. Seu perigo é perder-se numa aventura

*Renato Borghi no papel-título de Galileu
Galilei, em encenação no Teatro Oficina.*

*Hélène Weigel, esposa de
Brecht, no papel-título de
Mãe Coragem.*

pessoal ou numa proposta voluntarista, preso a uma inútil reta-guarda quando ingenuamente pensa estar assumindo a vanguar-da. Ou cair num idealismo igualmente inútil. Ou assume uma pos-tura de conhecimento e dignidade ou torna-se ineficaz. Outros ainda, por opção ou não, entregam-se à prostituição artística, ape-nas cedendo aos padrões mais medíocres, sem questioná-los. Nos maus artistas sempre existiu a tendência a contentarem-se com o relativo prestígio que reside na aparência de pertencer aos nobres exclusivamente por ter, na sociedade, a pouco respeitável função de "bobos da corte".

XII

O espetáculo será consumido por uma plateia e eventu-almente discutido pela crítica. Peter Brook define-a como um "mal necessário": "uma arte sem críticos seria constantemente ameaçada por perigos muito maiores". Para Brook o crítico vital é "aquele que já formulou claramente, para si próprio, o que o teatro poderia ser – e que é ousado o bastante para colocar em questão essa sua fórmula, toda vez que participa de um acontecimento teatral". E é Bernard Dort quem situa com lucidez a tarefa do crítico que, em nossos dias, pretende ser mais que um marginal da produção: "Face a uma crítica de consumo (que é cada vez mais substituída pela publicidade), uma outra crítica é possível e necessária. Ela será ao mesmo tempo crítica do fato teatral como fato estético e crítica das condições sociais e políticas da ativida-de teatral. Vamos defini-la de um lado como crítica semiológica da representação teatral e de outro lado como crítica sociológica da atividade teatral. Estaria igualmente dentro e fora. É possível encontrar uma aproximação desta função naquilo que os alemães chamam de 'dramaturgo' ". Sem dúvida podemos ter dúvidas so-bre o trabalho de alguns "dramaturgos" nos dias de hoje. Mas a exigência de um verdadeiro trabalho dramatúrgico se faz sentir cada vez mais. E que é esse trabalho dramatúrgico senão uma reflexão crítica sobre a passagem do fato literário ao fato teatral? Uma espécie de crítica antecipada. Aqui o vínculo entre uma nova definição da crítica e o aparecimento da encenação moderna aparece com clareza.

Enfim, são inúmeras as questões. E é imenso o perigo de cair na simplificação excessiva. Não existe uma forma ideal de fazer teatro, o ponto de partida e o ponto de chegada é a realidade social na qual o espetáculo nasce, vive, existe e morre. Somente um estudo profundo e crítico do real pode fornecer os caminhos de ação. O novo vai certamente sumir nas entranhas do velho, mas não pode ser antecipadamente previsto ou descrito de forma abstrata, ou erigido como modelo a ser atingido. Para encontrar seu caminho, a cada passo, o teatro precisa partir da irrecusável necessidade de ter uma função social precisa, aceitando-a como está ou assumindo ajudar a transformá-la. No segundo caso, o coletivo de trabalho teatral só ganha dimensão quando se vincula às demais forças sociais que lutam de forma organizada para alterar a estrutura social. São infinitas as possibilidades criativas desta segunda hipótese.

Finalmente, é oportuno não esquecer que o espetáculo, uma vez realizado, não é algo definitivamente fixo. Wekwerth encerra um valioso compêndio sobre encenação afirmando que o verdadeiro trabalho do encenador começa no dia da estreia: "finalmente podemos ensaiar com o personagem que faltava: 'o espectador' ".

COMO SE TEM FEITO TEATRO?

I

Como resumir o complexo processo histórico que começa séculos antes de nossa era e chega, em permanente transformação – e mais contraditório e ousado que nunca –, até nossos dias?

É inevitável o esquematismo, a tosca simplificação e, sobretudo, graves omissões. Impossível deixar de escolher certos aspectos em detrimento de outros que igualmente foram significativos e também emprestaram decisiva influência na totalidade do processo.

II

Pesquisadores mencionam representações litúrgicas no Egito entre 2 000 e 3 000 a.C. Hoje dispomos de um papiro que indica um ritual de representação da morte e do esquartejamento de Osíris, deus da terra e da fertilidade no Egito. Data provável: 1887 a.C.

Outros povos antigos, que sofreram influência egípcia, como os etruscos, igualmente teriam, em épocas remotas, organizado cerimônias teatralizadas, acompanhando rituais de sacrifícios, casamentos ou funerais. Uma forma de culto dos mortos, na

China antiga, é um dos inúmeros exemplos de ritos religiosos que acabam adquirindo feições dramáticas: os descendentes oferecem a um morto o que ele mais amou em vida – na Antiguidade o defunto fazia-se presente, representado por alguém que imitava seu aspecto físico, voz e gestos, e mais tarde, alguns episódios marcantes de sua existência. Quando o antepassado havia sido, por exemplo, um célebre guerreiro, esta evocação para manter viva sua imagem tornava-se uma forma embrionária de teatro.

Seria então possível localizar as origens do teatro no Oriente e não no Ocidente? A extraordinária herança grega seria, não o princípio de tudo, mas apenas o primeiro instante histórico do qual nos restam textos completos e informações mais detalhadas?

A verdade é que as indicações críticas, neste sentido, são ambíguas ou marcadas até pelo preconceito. Para muitos o conceito oriental de arte seria tão diferente do ocidental que, em nome da imaginária supremacia desta última civilização, a primeira seria sumariamente exótica.

Outros condenam, em manifestações primitivas da arte oriental, características que, mais tarde, apareceriam na arte ocidental, e seriam então louvadas. No caso do teatro, a falta de unidade narrativa, a mistura de gêneros, a alternância entre prosa e verso, diálogo e música, passagem do canto para a fala etc. O conceituado crítico Silvio D'Amico, com razões insuficientes apesar de sua honestidade intelectual, chega a levantar objeções absolutamente ingênuas. "Enquanto nosso esforço mais urgente é a novidade, a originalidade, a personalidade que traz ao mundo um novo sentido, eles (os orientais) parecem situar o auge da perfeição na submissão do artista individual às regras de uma tradição imutável que reproduz ao infinito o já transcorrido, com a fidelidade mais literal e passiva que se possa imaginar."

Enfim, hoje todos sabemos que o "distante" Oriente não é tão distante nem se resume num universo mágico de mistério e fantasia, lendas e exotismo: é parte essencial e integrada da civilização, com um vigor social e cultural que somente o mais descabido fanatismo ocidental e cristão poderia tentar negar, tapando o sol com a peneira...

III

Ainda que existam estudos modernos levantando a hipótese de que a tragédia grega teria tido sua origem em rituais fúnebres, danças mímicas de atores mascarados em homenagem a heróis mortos, a tese geralmente aceita é a de que nasceu dos cultos a Dionísio, deus do vinho e da fertilidade, das fontes da vida e do sexo. Aristóteles fornece esta explicação afirmando, inclusive, que a tragédia tem sua origem nos ditirambos (cantos corais acompanhados de flauta) e tende a representar os homens melhores do que são, enquanto a comédia nasce das cerimônias e canções fálicas e mostra-os piores do que são.

Duas figuras merecem atenção na fase primitiva do teatro grego: um tirano, Pisístrato, e um ator, Téspis. O primeiro oficializou o culto a Dionísio, mandou organizar as festas dionisíacas urbanas e chamou Téspis para promovê-las anualmente. De forma competitiva, passaram a ser realizadas durante seis dias na primavera. Para muitos, Téspis foi o primeiro ator. E também o responsável por transformações decisivas na libertação da dramartugia das amarras da poesia: inventou um "respondedor" ao coro e ao corifeu, substituiu a máscara animal dos sátiros pela máscara humana, introduziu a máscara feminina, deu início ao tratamento dramático de temas míticos e históricos. Nesses concursos, cada poeta selecionado apresentava uma tetralogia: três tragédias e um drama satírico. Durante algum tempo as comédias permaneceram excluídas, depois foram incorporadas: eram encenadas à tarde; as tragédias eram apresentadas pela manhã. Enquanto estas se concentravam na celebração de heróis e mitos, as comédias voltavam-se para a investigação crítica do cotidiano, ainda que geralmente em defesa dos valores tradicionais e contra os perigos de uma decadência ética e moral.

Aristóteles deixou-nos o primeiro documento básico de teoria teatral: *Poética,* dissecando a estrutura da tragédia e da comédia, caracterizando os gêneros e suas diferenças, explicando suas origens e analisando seus elementos. Estudando a poesia dramática em relação à lírica e à épica, acentua seu significado estético, cívico e moral. Para Aristóteles a arte é imitação da natureza; o drama é a imitação de ações, tendo por objetivo provocar compaixão e terror. A identificação do público com os personagens coloca o primeiro em estado de êxtase, e assim poderá atingir a purgação (catarse) destas emoções.

Três dramaturgos resumem e definem, no século V a.C., a tragédia clássica grega: Ésquilo, Sófocles e Eurípides. Numa estrutura rígida, o coro desempenha o papel central, exercendo inúmeras funções. Representa, principalmente, a *pólis*: é a sociedade, para os gregos uma espécie de ordem universal, que se faz presente, julgando e comentando, criticando e mesmo interferindo nos conflitos dos homens. O coro, assim, assume quase o papel de espectador ideal. Diante da presença dos valores vigentes, e também diante do público, que assiste a este fascinante encadeamento de princípios, transcorrem as ações trágicas. Em certo sentido, resumem-se na desesperada e inútil luta dos homens contra o destino que lhes é imposto, de forma inapelável, pelos deuses.

Em suas obras, os três dramaturgos exprimem um movimento não apenas de ordem formal, já que cada um deles introduz inovações na estrutura dramática, como também ideológica. A maneira como utilizam o coro é um termômetro da estabilidade ou do questionamento da unidade social. Assim, a tragédia caminha para sua autonomia, enquanto cresce o significado e o peso do diálogo. E, ao mesmo tempo, o homem liberta-se dos deuses.

Em Ésquilo existe fé, mas também já se evidencia um princípio de incerteza ou dúvida. Em Sófocles aumenta o significado do homem, e a ação dos deuses é injusta e autoritária: a religião existe, mas é desesperada. Em Eurípides, que Aristóteles aponta como o mais trágico dos poetas, os homens são mostrados com mais realismo e debatem-se em conflitos interiores mais verdadeiros: é o dramaturgo de uma religião em crise e de uma sociedade em decadência.

Elementos trágicos e cômicos alternavam-se nos dramas satíricos. E a comédia clássica grega, mais próxima do real, tem seu mais legítimo representante em Aristófanes, crítico implacável da ordem social, mas ferrenho defensor dos valores tradicionais. Seu teatro é marcado pelo vigor sensorial, pela capacidade de incorporar, em suas sátiras, elementos de obscenidade.

No século II antes de nossa era, a sociedade grega já está bastante abalada por contradições internas. Crescem as revoltas de escravos e os grandes senhores pedem ajuda aos romanos, que há algum tempo já intervinham nos assuntos helênicos: a partir de 146 a.C. a história grega é um apêndice da história romana.

Em Roma predomina a comédia. Durante algum tempo, inclusive, para ludibriarem a falta de liberdade de expressão, os comediógrafos apelam para um recurso tático – discutem a realidade que os cerca, mas situam a ação de suas peças na Grécia. Destacam-se Plauto e Terêncio, ambos com aguçado senso de observação crítica. Das tragédias, as mais expressivas não se destinavam ao palco nem foram então encenadas: são as obras de Sêneca, marcadas pelo uso extremo da violência e da crueldade. No nível da teoria, Horácio repete Aristóteles e defende a imitação dos valores gregos, antecipando a postura do classicismo europeu, enquanto Cícero parece defender a necessidade de um teatro nacional.

IV

Nos primeiros séculos de nossa era registra-se um desenvolvimento intenso do teatro no Oriente. Na Índia a invenção do drama é atribuída a Bharata, autor de um compêndio minucioso sobre arte dramática, *Nastia-Sastra*. O teatro é definido como "a imitação de um caráter determinado em uma série de situações que produzem prazer, com a ajuda de: 1), o gesto; 2), a voz; 3), o vestuário; 4), a expressão". O objetivo é ensinar divertindo. Existem regras não apenas de ordem técnica, mas também espirituais: antes de cada espetáculo o diretor deve preparar-se com exercícios religiosos, inclusive jejum de três dias...

No Ocidente, o teatro medieval refaz a trajetória do teatro grego: do espetáculo litúrgico e religioso ao profano e popular, mas agora sob o signo do cristianismo.

O movimento cultural está encerrado nos mosteiros. Mas as comédias romanas são conhecidas por uma minoria de elite. Pouco antes do ano 1000, num convento alemão, a monja Hroswitha escreve peças em latim, confessadamente inspiradas em Terêncio. Mas com intenções bem diferentes: são textos de edificação religiosa, exaltando a castidade.

A tradição teatral mantém-se extremamente viva na Itália, França, Espanha, Alemanha, Inglaterra. A princípio a Igreja proíbe o teatro e ameaça os atores com o fogo do inferno. Em seguida, passa a utilizá-lo como celebração religiosa ou ensinamento. O centro da atividade teatral, durante muito tempo, será a questão religiosa. Desenvolvem-se as formas típicas do teatro medieval ocidental.

Os *milagres* ilustram a vida dos santos, os *mistérios* discutem a fé, as *moralidades* debatem a questão religiosa, mostrando comportamentos e expondo o destino final do homem. A Bíblia é a fonte dos milagres e dos mistérios. Mas, pouco a pouco, os elementos populares infiltram-se: os milagres são bíblicos, mas os santos são homens – e nas primeiras peças profanas a virgem é substituída por donzelas desprotegidas e os demônios por dragões e feiticeiros. As moralidades analisam teses a partir de tramas que acabam servindo de passagem para um teatro interessado em episódios terrenos. Nesse teatro simples e didático, rudimentar e ingênuo, encenado ao ar livre, em cenários múltiplos, com uma estrutura baseada em episódios que se sucedem, encontram-se elementos que serão revalorizados na formulação do teatro épico moderno.

Os *autos* dominam a produção teatral na Espanha, sobretudo a partir do século XIV: o tema religioso é discutido através de símbolos e alegorias, os personagens frequentemente são abstrações, atributos divinos ou ideias puras. Nascem das procissões de *Corpus Christi*, oficializadas em 1264 pelo papa Urbano IV, que percorrem as ruas e às vezes param em "estações". Estes elementos serão incorporados à estrutura narrativa dos autos eucarísticos e sacramentais que pouco a pouco, infiltrados por tradições populares e profanas, livres da herança da dramaturgia greco-latina, estabelecem uma linguagem própria. Tudo começa quando os atores quebram a imobilidade, pois no princípio apenas formavam quadros vivos com motivos alegóricos, fazendo surgir cenas curtas e pequenos episódios em verso.

No Oriente é preciso registrar a fixação, nos séculos XIV e XV, de uma das mais fascinantes estruturas da dramaturgia: o *Nô*, que se desenvolve no Japão, vinculado à cultura das elites. Forma essencialmente simbólica, misturando poesia e música, pantomima e dança.

Da Idade Média ocidental cumpre ainda mencionar uma obra-prima que surge na Espanha no século XV: a extraordinária novela escrita em diálogos, que inicialmente o autor denominou "comédia": depois corrigiu para "tragicomédia", *A celestina*, de Fernando de Rojas.

V

A Renascença assinala, entre outras coisas, o princípio da reflexão moderna sobre o significado e a natureza do teatro. A partir do século XVI o esforço crítico é permanente. E, por vezes, tumultuado. O teatro recoloca, no centro de suas preocupações, a questão do homem. Mas formalmente, tem início uma disputa acirrada, em torno de princípios básicos de criação: redescobertos os clássicos greco-latinos, alguns passam a reverenciá-los como depositários da verdade e do ideal estético absoluto. É uma espécie de religião nova que se vem instaurar no âmago da estética.

A _Poética_ de Aristóteles aparece em 1549 em italiano. Alguns críticos, como Castelvetro, atribuem ao filósofo grego a formulação da célebre lei das três unidades. Na verdade, Aristóteles defendeu a unidade de ação, mencionou a de tempo e não fez nenhuma referência à de lugar. Mas a discussão, na teoria e na prática, vai apaixonar a intelectualidade europeia. Cervantes, no capítulo 48 de seu _Dom Quixote_ (1605), ataca o teatro novo que surge na Espanha, liberto dos preceitos greco-latinos. Seu alvo principal é Lope de Vega. Cervantes critica os que, embora conhecendo as regras, cedem ao gosto vulgar e desprezam os modelos. Chega a afirmar que, fora da rígida obediência, todas as ações dramáticas são absurdas e inaceitáveis. Lope responde: conhece as leis clássicas, mas, quando escreve, encerra estes princípios num cofre com sete chaves, para que sua liberdade de criação não seja obstaculizada por falsos preceitos. Nos séculos XVI e XVII dois países parecem mais livres do peso do classicismo: a Espanha e a Inglaterra, onde a polêmica mistura-se com outra questão, o problema da moralidade ou imoralidade do teatro inglês. Em 1642 os puritanos conseguem um decreto oficial que fecha todos os teatros, que só serão reabertos com a Restauração em 1660.

Na França domina o aristotelismo. Mas as controvérsias se sucedem, principalmente após o triunfo de _Le Cid_ (1636/37), de Corneille. Os principais dramaturgos expõem seus pontos de vista através de prefácios. Corneille defende ideais clássicos, mas não hesita em libertar-se deles quando podem perturbar seu trabalho como dramaturgo. Molière chegará a escrever comédias para ridicularizar seus opositores. O apogeu do neoaristotelismo francês, em nível teórico, aparece em 1674: a _Arte poética_ de Nicolas Boileau é a vulgarização, escrita em versos alexandrinos, dos preceitos de Horácio e Aristóteles.

A dramaturgia francesa deste período reflete o aproveitamento deste ideal clássico, e destacam-se os que conseguem manipular com verdade e força poética a rigidez das estruturas, disciplinando impulsos e instintos num formalismo extremamente elaborado, realizando obras que chegam a discutir não apenas o significado do amor e da honra, como também as relações do homem com o Estado moderno, principalmente Corneille e Racine. Mas, enquanto tema e estrutura, os germes de um teatro novo estão nítidos nas mais expressivas obras de Molière, ator e diretor, rebelde violentamente atacado pelo puritanismo dos conservadores e pelo clero, amigo e autor favorito do rei Luís XIV, penetrante crítico dos costumes e comportamentos de sua época.

A comédia é uma das mais eficientes maneiras de combater o classicismo. Na Itália neoaristotélica, Maquiavel consegue realizar um penetrante estudo da sociedade de sua época, *A mandrágora* (1520). Mas o vigor popular tem seu expoente no trabalho de Angelo Beolco (conhecido como Ruzzante), que liberta a comédia renascentista dos preceitos clássicos e utiliza essencialmente a linguagem e os valores do povo. Está aberto o caminho para a mais fascinante época de hegemonia do ator e do improviso, ato de rebeldia que rompe qualquer proposta clássica, elitista ou literária: a *commedia dell'arte*, formidável surto de teatro popular.

Em Portugal, sem romper com as tradições dos autos e farsas medievais, simplesmente engravidando-as de um agudo senso de observação crítica da realidade, Gil Vicente escreve textos nos quais as alegorias se transformam em vida, os temas atuais se fazem presentes, os valores populares se incorporam às ideias renascentistas. Na Espanha, surge o "Século de Ouro": Lope de Vega deixa uma obra imensa, antecipa o drama revolucionário com *Fuenteovejuna* e inventa a comédia de capa-e-espada, onde já aparecem personagens burgueses: e Calderón de la Barca confere extrema dimensão poética e filosófica à reflexão religiosa, cuida pessoalmente da montagem de seus autos sacramentais, utilizando inclusive música de fundo e carros para a cenografia.

Mas o mais expressivo do teatro renascentista nasce na Inglaterra elisabetana: assimilando e atualizando com extrema liberdade narrativa toda a herança clássica e medieval, um grupo de dramaturgos escreve alguns dos mais decisivos instantes da dramaturgia universal, ao mesmo tempo que, em termos de linguagem cênica popular, o espetáculo ganha uma dimensão mais consequente e ainda hoje extremamente fascinante. Obras como as comédias e sobretudo as tragédias de poetas como Ben Jonson, John Webster, Christopher Marlowe e outros e, principalmente, atingindo um nível antes nunca aproximado na sondagem do homem e seu relacionamento com o processo histórico, construindo uma dramaturgia inesgotável enquanto proposta ideológica e estrutura de linguagem, os textos de William Shakespeare definem a emancipação definitiva do teatro de todas as amarras, temáticas e formais, anteriores.

Muitos outros pontos deveriam ser mencionados em relação aos séculos XVI e XVII. No Japão se estabelece, a partir das camadas populares, mais uma estrutura dramática extraordinariamente rica: o *kabuki*. No fim do século XVI, em Florença, surge um novo gênero de espetáculo: a ópera *(Dafne,* de Jacopo Peri, estreia em 1597). E finalmente, 1564, ano em que nasceu Shakespeare, é a data em que, pelas referências que se possui, foi realizado o primeiro espetáculo de teatro dramático no Brasil – o *Auto de Santiago,* apresentado por missionários jesuítas na Bahia. Entre nós o teatro surge como instrumento pedagógico: autos, encomendados pelo padre Manuel da Nóbrega ao padre José de Anchieta, para catequese e ensinamento da religião aos índios. Os textos de Anchieta são peças de circunstância, adaptando a estrutura esquemática do teatro medieval a problemas e aspectos da realidade e da cultura brasileira. No século XVII já existem referências ao teatro enquanto atividade profana, em festas populares. Ainda no século XVI registram-se os primeiros espetáculos em outros países latino-americanos, como México (1526) e

Havana (1588). Mas é preciso lembrar que existiu um teatro pré-
-colombiano nas Américas. Restam inclusive alguns fragmentos
vigorosos, como o célebre *Ollantay,* escrito em quéchua (Peru),
clássico da poesia inca.

VI

Durante o século XVIII o teatro espanhol é reprimido (os
autos sacramentais são proibidos em 1725), há um novo auge do
kabuki no Japão, Mozart domina a ópera e escreve *Don Giovanni*
em 1787, no Brasil há um certo vazio (registre-se a atividade de
um animador cultural, o padre Ventura; e uma controvérsia sobre Antonio José da Silva, o Judeu, comediógrafo português que
alguns críticos sem êxito e sem razão tentaram integrar na literatura brasileira). Na Europa o triunfo da *commedia dell'arte,* uma
das manifestações de reação contra o classicismo, provoca esforços para uma "cruzada santa" de setores burgueses intelectuais:
contra a vulgarização, por uma revalorização do texto literário, da
linguagem poética.

Exemplos são, entre outros, Carlo Goldoni, que com a di-
visa "reprodução da verdade" cria a comédia fina burguesa, subs-
tituindo o improviso pelo texto escrito, conservando personagens
e situações das comédias populares, mas aprofundando elementos
psicológicos e descrições de comportamentos sociais novos; Carlo Gozzi faz mais sucesso com comédias fantásticas e extrava-
gantes; Marivaux, herdeiro da tradição de Molière, já prenuncia o
aparecimento do romantismo, com uma obra variada e marcada
pela delicadeza de análise dos sentimentos e por finos ataques às
injustiças sociais; Vittorio Alfieri, último estertor da tragédia clássica, exemplo do esforço aristocrático de trazer a poesia de volta
à cena, com obras de feitio clássico inspiradas em temas bíblicos,
gregos ou de história europeia. E também Voltaire, um dos precur-
sores da ideologia revolucionária francesa: o pensamento político
da burguesia da época propunha a edificação de uma sociedade

nova e ao mesmo tempo estava marcado pela admiração da ordem política da Antiguidade. Mas a insatisfação paira em todos os níveis. Louis Mercier afirma que o teatro está fossilizado, tendo trocado o ar livre pelas salas fechadas. E critica Corneille e Racine por se terem inspirado "nas bibliotecas, não no livro aberto do mundo". Há um mundo novo que busca expressão. A burguesia francesa prepara-se para tomar o poder político. O drama burguês já está em gestação.

A um público racional só agrada um mundo real, escreve Diderot. É um dos primeiros enunciados de um novo gênero de literatura dramática, fruto de uma necessidade histórica concreta: a ascensão econômica e política da burguesia. É o drama burguês, que surge comprometido com o processo revolucionário. Investe contra a divisão de gêneros e advoga a mistura de elementos trágicos e cômicos, assim como insiste na necessidade de colocar em cena personagens de todas as classes sociais, sobretudo aqueles que a tragédia clássica havia banido: Diderot exige um teatro que mostre o cidadão burguês em seu meio social, sua profissão, sua família.

Lessing, expressão do iluminismo nacionalista, comprometido com o processo político de sua classe e de sua nação, define o classicismo como cultura típica do absolutismo feudal traduzido numa dramaturgia rígida, vazia e formalmente abstrata. Indica o teatro clássico grego como exemplo de dramaturgia nacional ligada a uma estrutura social própria. Lessing defende a catarse como objetivo do drama. Mas, para atingir este resultado, será necessário revolucionar a estrutura tradicional da dramaturgia. Uma plateia burguesa não poderá identificar-se com reis e príncipes. Precisa confrontar-se com personagens burgueses para que a identificação tenha sentido. Defendendo a ideia de um teatro nacional-burguês, Lessing propõe um verdadeiro programa de libertação cultural. E cita um novo modelo, não para ser copiado, mas para ser assimilado: Shakespeare. De Lessing, cujo pensamento será decisivo na próxima eclosão do pré-romantismo, o essencial está numa valiosa coletânea de crítica e ensaios estéticos, a *Dramaturgia de Hamburgo (1767-1768)*.

O romantismo alemão inicialmente confunde-se com o grupo "Tempestade e ímpeto" *(Sturm und Drang* – título de uma peça de Maximilian Klinger, que reunia cenas desconcertantes sem qualquer coerência ou unidade). Este pré-romantismo defende um individualismo exacerbado, uma subjetividade lírica irracional e anárquica, revalorizando o vigor das religiões e da mitologia, e buscando em Shakespeare sua força mágica. O esforço de lucidez dos iluministas é trocado por Rousseau. E o movimento debate-se entre o intelecto e o instinto, o novo mundo civilizado da burguesia ascendente e a inocência primitiva do "bom selvagem".

Dois extraordinários poetas e homens de teatro começam a produzir nesta fase. Mas depois, mais maduros, ambos submeterão o impulso desenfreado da juventude a uma disciplina rigorosamente neoclássica. Goethe, uma das grandes inteligências do século, em permanente busca e fazendo da insatisfação um processo de vida e conhecimento, deixa um dos mais eloquentes textos da literatura universal, *Fausto* (iniciado em 1774, concluído em 1832), poema ao mesmo tempo clássico e romântico, que alterna ou integra categorias dramáticas, épicas e líricas. E talvez tenha sido Goethe (apesar da importância comprovada, anos antes, do trabalho como "diretores de espetáculos" de inúmeros atores e principalmente de Molière e Calderón) o primeiro *encenador,* no sentido que antecipa o moderno conceito da profissão. Isto essencialmente nos anos em que dirigiu o Teatro de Weimar (1791-1817).

A obra dramatúrgica de Schiller registra o mesmo movimento da obra de Goethe, disciplinando excessos da juventude numa aproximação do classicismo. Hegel elogia-o por ter ultrapassado a subjetividade e a abstração do pensamento de Kant e por ter procurado realizar na arte a unidade e a conciliação como única expressão da verdade. E o crítico marxista Lukács afirma que os trabalhos de estética de Schiller constituíram um instante especial do pensamento estético alemão, que através deles passa de uma dialética idealístico-subjetiva para uma dialética idealístico-objetiva.

Enfim, em 1789 a burguesia assume o poder na França. Transforma-se a história da sociedade. Um texto pareceu ser o prenúncio da Revolução: O *Casamento de Fígaro* (1784), de Beaumarchais. Pela forma de crítica da nobreza e pela inusitada maneira de valorizar os criados, um reconhecível precursor do teatro político.

VII

A edição de 19-2-1800 do *Jornal de Debates* de Paris surge com uma novidade: uma seção dedicada inteiramente ao teatro, assinada por Julien-Louis Geoffroy. Nasce a crítica diária em jornais cotidianos.

Mas, excetuando a participação de homens de teatro, neste século uma das mais valiosas contribuições teóricas é a do mais expressivo dos filósofos idealistas, Hegel, que dedica ao teatro a última parte de sua *Estética*. Ele afirma que a poesia dramática é superior à lírica e à épica, pois realiza uma síntese dialética de ambas, unindo a subjetividade de uma à objetividade da outra. A ação dramática é a exposição de conflitos e oposições e do movimento total nasce a unidade. O conflito é a relação dramática essencial. É oportuno não esquecer que a filosofia de Hegel foi um dos pilares básicos para as formulações do materialismo dialético e do materialismo histórico de Marx e Engels. E que o pensamento marxista será uma das linhas de força fundamentais, talvez a mais fecunda do teatro no século XX.

VIII

Na França o romantismo surge com a influência do pensamento crítico alemão e com a descoberta de Shakespeare. Documento essencial, na defesa de novos valores, é o prefácio de Victor Hugo para seu drama *Oliver Cromwell* (1827). Proclama a abolição da obediência às regras de dramaturgia clássica: o escritor é livre para escolher sua linguagem. Não tem sentido separar prosa e verso, muitos menos tragédia e comédia. O novo gênero, "drama", tem apenas o sentimento e a paixão como leis. Hugo critica os defensores do classicismo que inclusive situam a questão das imitações dos modelos num nível de absurdo: mandavam copiar e ao mesmo tempo afirmavam que os clássicos eram inimitáveis. Para Hugo, o ídolo é Shakespeare: "É o maior criador depois de Deus". Seu prefácio é um manifesto. E três anos depois a estreia de seu *Hernani* transformar-se-ia numa batalha: com socos e pontapés, os jovens românticos enfrentam, corpo a corpo, os conservadores na plateia do teatro...

Dos demais dramaturgos românticos franceses, impossível deixar de mencionar Alfred de Musset, autor sobretudo de uma das referências fundamentais da história do teatro político, *Lorenzaccio* (1830). No Brasil, o iniciador da literatura romântica, Gonçalves de Magalhães, é também o iniciador do romantismo no teatro, com *Antonio José* ou *O poeta e a Inquisição* (1838). O drama romântico brasileiro não deixa muitos títulos, mas revela um de nossos mais expressivos dramaturgos, o poeta Gonçalves Dias. Apenas quatro peças e uma bela tradução de Schiller. Mas entre elas uma irrecusável obra-prima: *Leonor de Mendonça* (1864), tragédia límpida e seca, com intensos movimentos dramáticos que se traduzem num diálogo vigoroso. Seu prefácio é um dos documentos valiosos do teatro brasileiro: expõe ideias, explica as origens do drama que escreveu, desvenda aspectos de seu processo de criação, tece considerações sobre o conceito de arte, ataca a censura do Conservatório Dramático. Discutindo sobre como situar no palco a "fatalidade", Gonçalves Dias faz uma inteligente declaração de princípios: "É a fatalidade cá da terra a que eu quis escrever, aquela fatalidade que nada tem de Deus e tudo dos homens, que é filha das circunstâncias e que dimana toda dos nossos hábitos e da nossa civilização; aquela fatalidade, enfim, que faz com que um homem pratique tal crime porque vive em tal tempo, nestas ou naquelas circunstâncias".

As tendências antirromânticas não tardam na França, com a acomodação da sociedade burguesa, que pouco a pouco troca os ideais concretos de liberdade e igualdade por um liberalismo moderado e por uma democracia formal. Triunfam os gêneros "comerciais": comédias bem estruturadas, com um mecanismo repetido e infalível, intrigas engenhosas, uma temática superficial e aparentemente inocente que gira em torno do amor e do dinheiro. É um caminho que começa com as chamadas "peças bem-feitas", passa pelo teatro de *boulevard* e chega ao *vaudeville*.

Próximo ao fim do século, em meio a uma polêmica que divide os críticos, consolida-se a mais forte das reações antirrománticas: o naturalismo, principalmente através dos romances, peças e prefácios de Émile Zola. No prólogo que escreve para a adaptação de seu romance *Thérèse Raquin* (1873), Zola defende a infiltração positiva do espírito experimental e científico dos tempos modernos no domínio do drama, salvando o teatro com a força da realidade. Pede um teatro baseado na observação científica da vida social, com personagens que sejam como seres vivos, não fantoches criados pelos escritores. O exagero do naturalismo faz aparecer um novo tipo de melodrama, que se fixa no submundo e nos bordéis ou manicômios, o "grand-guignol".

Finalmente estende-se na França a corrente realista, sobretudo com Balzac, que faz um minucioso levantamento de seu momento histórico. Também na Rússia o realismo vem do melodrama e das sátiras populares tradicionais. O mais fascinante dramaturgo é Nikolai Gogol, sobretudo por uma das comédias mais prodigiosas da dramaturgia universal, *O inspetor geral* (1836): documento e sátira política implacável, que nada poupa da hipocrisia e da mediocridade da burguesia russa.

Dois dramaturgos que neste século praticamente escapam a qualquer classificação mais esquemática, totalmente diferentes, mas igualmente inovadores, são o brasileiro Qorpo Santo (1833-1883) e Georg Buchner (1813-1837). Enquanto Qorpo, em Porto Alegre, escreve os primeiros esboços do teatro surrealista e do absurdo, com uma ferocidade crítica demolidora, Buchner, também um gigantesco poeta fora de seu tempo, materialista e às vezes metafísico, ativamente vinculado às lutas e questões políticas de sua geração, nos deixa apenas três peças, mas elas se situam entre as mais fascinantes do teatro universal, antecipando o expressionismo e até mesmo o teatro épico contemporâneo.

IX

É bem mais intenso o movimento teatral no Brasil no século XIX. O drama romântico não tem continuidade. A possível exceção seria *Gonzaga ou A revolução de Minas*, de Castro Alves. A comédia, entretanto, ganha impulso mais vivo. O ator João Caetano lançou não apenas a mencionada tragédia romântica de Gonçalves de Magalhães, como também a primeira comédia de Martins Pena, *O juiz de paz na roça* (1838). Entre os homens de teatro, João Caetano domina boa parte do século. Figura contraditória: defendia a criação de um teatro livre dos autores estrangeiros, mas encenava sobretudo clássicos europeus. Deixou alguns textos teóricos de extrema importância pela serenidade de análise dos processos de criação do ator: *Reflexões dramáticas* (1837) e *Lições dramáticas* (1862). Elogiado por muitos, será mais tarde duramente contestado por Procópio Ferreira, que, escrevendo uma biografia sobre outro ator da época, Francisco Correa Vasques, acentua o sentido nacionalista e popular deste e condena João Caetano como não compreendido pelo povo, ator palaciano mais admirado pela elite do que pela multidão.

Martins Pena estabelece a comédia de costumes no Brasil, um certo pré-realismo, marcado pelo senso de observação. Em nenhum momento atinge uma dimensão mais profunda, mas não perde nunca a agilidade, um painel de sua época escrito com simplicidade, mas justa eficácia. Outros seguiriam seu caminho, entre eles: Joaquim Manuel de Macedo, com um senso crítico mais apurado e uma visão social mais definida; José de Alencar, preocupado com a elaboração da nacionalidade; Machado de Assis, escrevendo brincadeiras leves e bem construídas que lembram provérbios de Musset; França Júnior, já menos romântico e dono de uma técnica de comédia mais ágil e capaz de uma virulência maior em sátiras políticas; e, finalmente, Artur de Azevedo, autor de diferentes gêneros teatrais, cultivando as burletas e a revista musical, animador teatral intenso e apaixonado. Um pouco do país no século XIX, apesar da permanente superficialidade e da ausência de uma postura crítica mais penetrante e consequente, ficou registrado neste movimento teatral. Mencione-se ainda certa visão crítica bastante precisa de Machado de Assis e uma estranha curiosidade: escravos brasileiros, libertados, organizados por Z. P. Silva, formaram em Lagos, na Nigéria, em 1880, a "Brazilian Dramatic Company"...

X

Três dramaturgos, através de diferentes caminhos, aprofundando o realismo psicológico ou ensaiando novas estruturas dramáticas, alcançam, no fim do século XIX, uma contundente reflexão sobre a condição humana na sociedade burguesa. Gerhardt Hauptmann já utiliza elementos de estrutura de um teatro não dramático e antecipa o teatro político-revolucionário, elaborando acusadores painéis sociais: seus personagens são a massa miserável, debatendo-se entre a fome e o álcool, entregues à passividade ou conduzindo a revolta contra a opressão. São temas dos novos tempos que invadem o palco com inusitado vigor, principalmente em *Os tecelões* (1892), escrita a partir de documentos sobre a revolta operária ocorrida em 1844 na Silésia.

Henrik Ibsen eleva o drama a seu apogeu enquanto estrutura dramática, justamente no instante em que os valores burgueses começam a ser amplamente contestados. A partir de Ibsen, homem que assistiu à derrota de mitos coletivos e crê que dentro de si mesmo o indivíduo precisa reencontrar o novo, todo o grande teatro será a contestação da sociedade vigente. E o próprio drama será questionado enquanto estrutura. Desde jovem Ibsen foi um rebelde, guardando incontrolável tendência para o anarquismo individualista e também irrefreável indignação ao comportamento ético e moral da sociedade burguesa. Quando assume com firmeza inquebrantável o realismo, sua obra confronta, com extraordinário vigor, os grandes problemas de sua época.

Finalmente, August Strindberg, em sua primeira fase, é de um realismo obstinado, teatro psicológico quase em estado puro, conturbado e intenso em sua segunda fase, herdeiro de Dostoievski e Nietzsche, anunciando Kafka e Pirandello, é um místico inquieto e inquietante, com peças como *O caminho de Damasco*. Nesta última já é possível reconhecer o embrião de uma nítida contestação do drama enquanto forma literária. Talvez o princípio do expressionismo: não mais existe a crença de que o drama possa ser a narrativa de um mundo objetivo, com personagens que atuem de forma independente – começa a subjetivação radical no teatro.

Mas antes de passarmos ao século XX, alguns detalhes precisam ser lembrados: o século XIX é um restante do apogeu da ópera italiana, mas também a afirmação da ópera alemã, com Beethoven a princípio e finalmente com o trabalho, sem precedentes no gênero, desenvolvido por Wagner, que em 1876 dá início aos festivais de Bayreuth; em 1822, ano da independência do Brasil, são realizadas experiências com iluminação a gás na ópera de Paris, e em 1849, no mesmo teatro, é realizado o primeiro espetáculo iluminado com luz elétrica. No fim do século XIX, surge o cinema. E nasce a encenação moderna.

XI

O nascimento da encenação moderna, enquanto linguagem específica, conferindo dimensão ideológica unificada e coerente ao espetáculo, parece ser o acontecimento fundamental do teatro no século XX. Mas hoje o trabalho do encenador já é objeto de contestação por correntes que defendem a necessidade da criação coletiva, como medida básica para redemocratizar o processo criativo. O resultado nítido deste questionamento, sem dúvida valioso, porque nasce também da revolta contra a hegemonia ditatorial que o encenador atingiu em alguns instantes, vem sendo não sua eliminação, mas sim a democratização de seu processo criativo, que passa a integrar o coletivo de trabalho na elaboração de uma concepção mais ampla e mais justa.

São infindáveis as tendências do teatro contemporâneo. Há uma permanência do realismo e, paralelamente, uma contestação do mesmo. As tendências muitas vezes são opostas, mas frequentemente se incorporam umas às outras. A tentação de agrupar a produção contemporânea em duas correntes básicas, como por exemplo, de um lado o idealismo irracionalista e de outro o materialismo racionalista, logo encontra obstáculos: em algumas manifestações teatrais os opostos se misturam numa tensão dilacerante, às vezes inclusive responsável pela riqueza dos resultados.

Neste século o teatro tem redescoberto sua potencialidade ou tem se negado a si mesmo. Para muitos a palavra é inimiga essencial do espetáculo, que deveria retornar às suas origens dionisíacas e mágicas, enquanto para outros o essencial é revitalizar o discurso lógico. Neste século se processa a revalorização do improviso, mas também se formula a exigência de um rigor científico. Alguns se prendem a um teatro de tese, utilizando o espetáculo como instrumento para uma demonstração, outros se lançam no campo da expressão sensorial e corporal.

Enquanto entre os encenadores há uma tensão entre os que definem o espetáculo como condicionado ao texto e os que advogam um trabalho de encenação independente e absoluto, as mais radicais experiências vão sendo realizadas. Às vezes uma tendência nasce e morre com um manifesto ou com um espetáculo.

XII

No fim do século XIX, na Alemanha, o duque de Sachsen-Meiningen, Georg II, realiza minuciosas reconstituições históricas, dá primazia ao conjunto dos intérpretes em detrimento do predomínio absoluto do "grande ator", ensaia exaustivamente e procura integrar de forma coerente cenografia e intérprete. Seu trabalho influenciará André Antoine, o fundador da encenação moderna, que revoluciona o teatro no campo da interpretação, da cenografia e da encenação. Seu projeto é concreto: trazer o naturalismo para o palco. Seu *Théatre Libre* (1887) influenciará o alemão Otto Brahm que, traduzindo o nome, organiza em Berlim a *Freie Buhne* (1889). Em seu manifesto inicial anuncia que "a arte moderna está baseada no naturalismo, que nos mostra o mundo como ele é".

O realismo psicológico é intensamente desenvolvido pelo trabalho prático e teórico de Konstantin Stanislavski, que em 1898 fundou, com Nemirovitch-Dantchenko, o Teatro de Arte de Moscou. Encenador sensível e meticuloso, preocupado com a clareza de cada ação ou emoção, com a intensidade das paixões, afirmando que o teatro tem por objetivo reproduzir a "vida do espírito humano", preocupado com a importância social do teatro, humanista e permanentemente insatisfeito, Stanislavski é, sem dúvida alguma, uma das personalidades teatrais marcantes deste século. Deixou valiosa sistematização do trabalho do ator. Os textos mais conhecidos são *A preparação do ator*, *A construção do personagem* e *A criação de um papel*, que constituem documentos de uma luta contra a teatralidade falsa e contra o convencionalismo medíocre.

Para Stanislavski, o ator deve ser capaz de observar os mais reveladores detalhes da vida cotidiana. Cada ação realizada no palco precisa vir acompanhada de compreensão e beleza, mas também deve estar interiormente justificada de forma lógica, real e coerente. O trabalho do ator está subordinado à ideia de um "superobjetivo" que se confunde com o mais absoluto respeito às ideias propostas pelo dramaturgo. Defensor da busca da identificação entre espectador e personagem, Stanislavski insiste em que o ator deve permanecer ele mesmo quando "vive" seu papel. O ato de criação nasce desta contradição.

Com uma trajetória fecunda e inquieta, que vai do realismo ao simbolismo poético, Stanislavski foi uma das figuras essenciais do teatro nos primeiros anos da Revolução Soviética em 1917. Sua influência se faz sentir também nos Estados Unidos, onde o teatro ganha dimensão maior, praticamente, só a partir do século XX: foi a partir de Stanislavski e seu método que se estruturou o Group Theatre (1931) de Elia Kazan e mais tarde também o laboratório Actors Studio (1947).

Stanislavski encontrou uma dramaturgia, influenciando-a e sendo por ela poderosamente influenciado: a obra de Anton Tchecov. Sua encenação de *A gaivota* de Tchecov é um dos acontecimentos marcantes do teatro moderno.

Com Tchecov a dramaturgia realista atinge seu apogeu e o princípio de seu impasse: Tchecov leva ao paroxismo uma espécie de ausência de ação exterior que parece quase esgotar as possibilidades do realismo, superando-o por uma forma mais aguda e reveladora da realidade. O crepúsculo da burguesia entediada e impotente, que divaga com gestos lentos, a tortura dilacerante de um desespero sem perspectivas, está localizada no mais íntimo interior dos personagens e surge quase nas entrelinhas dos diálogos. Máximo Górki retomará este painel, mas engravidando-o do anúncio concreto da Revolução: será o primeiro grande escritor soviético, e sua obra já define contornos visíveis de um realismo crítico.

A linha cultural do stalinismo castrará esta trajetória do realismo soviético. No 1º Congresso de Escritores Soviéticos, em agosto de 1934, Andrei Zdanov, arauto do poder, proclama o chamado "realismo socialista", defendendo-o como um romantismo revolucionário.

Impasses do realismo tradicional também podem ser localizados em certas peças de Ibsen e mais ainda em George Bernard Shaw, que desenvolve um "teatro de tese", caminho que depois será retomado por Camus e Sartre. Estes dramaturgos deixam bem evidente que questões essenciais do mundo moderno, para serem discutidas na cena, exigem uma estrutura nova. Shaw, inteligência brilhante e irônica, crítico mordaz do capitalismo, afirmação de um socialismo anárquico e contraditório, elogia Ibsen a ponto de situá-lo acima de Shakespeare. Afirma que "não há peça sem conflito", mas seus textos substituem os conflitos psicológicos tradicionais por acirradas disputas sobre religião, sociedade, moral, política e economia. Defende o teatro como função educativa prática e aponta a arte como meio de propaganda ideológica.

XIII

Já no fim do século XIX, na França, Paul Fort reúne os poetas simbolistas no *Théatre de l'Art*. Os pintores fazem a cenografia e impõem uma concepção de encenação, baseada em soluções essencialmente plásticas. Sem uma linha mais definida, mas numa busca permanente de caminhos dentro da proposta simbolista, Lugné-Poe, que havia sido ator com Antoine, organiza em 1893 o *Théatre de l'Oeuvre*. Dos dramaturgos simbolistas cumpre mencionar Maurice Maeterlinck, com uma obra poética feita de imaginação e fantasia, e Leonid Andreiev, marcado por alegorias fantásticas e abstratas (no fim de sua vida trocou o simbolismo pelo que chama de "panpsiquismo", estudo da psicologia do homem). Em prefácios de Maeterlinck já se encontram proposições do movimento esteticista que alcançará repercussão nos primeiros anos do século XX, numa reação decidida contra as correntes realistas. O esteticismo, um dos pontos extremos da ideologia burguesa, defenderá a arte pela arte, construindo a religião da beleza e da forma. Uma de suas consequências, no plano da encenação, será a utopia do "teatro total". Os antecedentes mais nítidos são as concepções do drama musical de Wagner.

Influenciado pelo músico alemão, Adolphe Appia transpõe aspectos da estética wagneriana para a discussão do espaço cênico. Para Appia, o teatro é uma arte total, utiliza elementos de todas as artes, mas não é uma síntese delas: o elemento básico do espetáculo é o movimento, em função do qual todos os demais recursos devem ser organizados pelo encenador, responsável pela unificação de todos os elementos.

Outro encenador de importância foi Edward Gordon Craig: seu teatro é um ato de rebeldia contra uma civilização que não aceita. Sonha com a utopia de um teatro puro, que volte a utilizar a máscara para suprimir a deficiência humana dos intérpretes, um teatro que no futuro poderá existir mesmo sem autores e sem atores. Cabe ao encenador, um demiurgo, reduzir a palavra a escrava do movimento, redescobrindo a teatralidade pura, cuja origem está no gesto e na dança.

Na União Soviética, em defesa da primazia do espetáculo em relação ao texto, três discípulos e colaboradores de Stanislavski rebelam-se contra o mestre: V. Meyerhold, A. Taírov e Vakhtangov.

Influenciado pelo esteticismo simbolista, Meyerhold propõe o "teatro estilizado". O realismo está ultrapassado, a encenação psicológica é insuficiente na montagem de dramas históricos ou poéticos, a cenografia que busca imitar a realidade apenas consegue limitar a criatividade de cenógrafos e encenadores, o ator realista-psicológico descuida-se do aspecto externo de sua representação. É necessário o cenário novo, construtivista. E o ator novo, biomecânico, misto de ator-cantor-dançarino-acrobata. Meyerhold pesquisa novas formas de espetáculo. Será o autor de realizações de grande impacto político, encenando os textos de Maiakovski.

Taírov procura a síntese entre Stanislavski e Meyerhold. Afirma que o realismo foi a tese, o estilizado a antítese e seu teatro, que define como "sintético", realiza a síntese. O primeiro teria reduzido a arte ao cotidiano e à psicologia, o segundo à forma vazia. Taírov defende a beleza e a forma. Se Meyerhold esteve próximo do circo, Taírov esteve perto do balé. Vakhtangov, um dos discípulos prediletos de Stanislavski, retoma os ensinamentos do mestre: o texto volta a ser o ponto de partida para a elaboração do espetáculo, mas Vakhtangov procura também assimilar criativamente as teorias de Meyerhold e Taírov.

O futurismo soviético revela Maiakovski: sátiras implacáveis à burguesia e vigilância crítica e rigorosa à construção do comunismo em seus primeiros anos. Para Maiakovski o teatro é arma de agitação e propaganda, não um escravo fiel da realidade, mas sim uma lente de aumento. Enquanto o futurismo soviético está profundamente vinculado ao proletariado, o italiano, centralizado em Marinetti, se integra na ideologia fascista, glorificando a guerra e a violência.

XIV

A escandalosa estreia de *Ubu Rei*, de Alfred Jarry em Paris, em 1896, assinala o princípio da aventura surrealista. Também o encenador Gaston Baty, representante do derradeiro romantismo europeu, antecipa o movimento: sonha com um mito de comunhão coletiva, que transfere para a esfera do inconsciente coletivo. Antecedente imediato do surrealismo é também o movimento dadaísta, que surge em 1916 em Zurique: a arte é um erro ou uma mentira, é necessário despertar a espontaneidade que existe no homem e que somente se revela através dos jogos, dos atos gratuitos, do lúdico ocasional.

O poeta e psicanalista André Breton define o surrealismo como automatismo psíquico puro, através do qual será expresso o funcionamento real do pensamento, isento de qualquer conotação ou controle racional, de qualquer preocupação estética ou moral. Estamos às vésperas da Primeira Guerra Mundial, os valores lógicos são sistematicamente desprezados: os impulsos inconscientes e a angústia dos difíceis novos tempos não encontram uma articulação consciente. A ânsia de destacar os valores vigentes leva alguns surrealistas à aproximação com movimentos revolucionários, até mesmo com o comunismo. Mas a essência da aventura surrealista tem sido quase sempre o componente mágico-místico, inspirado em filosofias orientais. A ela pertence um dos nomes fundamentais do teatro do século XX, Antonin Artaud.

O Teatro e seu duplo (1936) é um livro essencial para o entendimento do teatro moderno. Não é uma teoria de teatro, mas um estímulo até certo ponto fascinante. Propõe o "teatro da crueldade ", uma manifestação metafísica, um exorcismo. Artaud quer o teatro como um vitorioso flagelo, uma peste redentora. O teatro é um instrumento para libertar possibilidades e quebrar repressões. O teatro puro poderá renascer do espetáculo integral, no qual a palavra terá o sentido que possui nos sonhos. E seu criador será o encenador, sacerdote de um ritual mágico. Expondo uma alternativa para o teatro ocidental, a partir de estudos que realizou sobre manifestações culturais orientais e sobre mitologias primitivas dos povos da América, Artaud será constantemente retomado pelos dramaturgos e encenadores contemporâneos, sobretudo por aqueles que recusam a aceitação do teatro como instrumento de participação política.

Outro nome essencial no caminho de negação do drama, que conduzirá ao teatro do absurdo, é o de Luigi Pirandello. Seus melhores textos situam a tensão e a crise que se estabelece entre a ficção e a realidade. Em Pirandello tudo é negação: a vida é mentira, a realidade é ilusão, o mundo é um suceder de sonhos, a verdade de um não é a verdade de outro. Pirandello expõe a crise da ideologia e a crise do teatro. Faz desta o centro de sua reflexão desesperada e irônica.

Após a Segunda Guerra Mundial, cresce no pensamento idealista a crise de valores, o homem está sozinho e oprimido por um cotidiano incontrolável. Para os dramaturgos do absurdo o homem não é situado num contexto histórico. É um indivíduo isolado e angustiado, impotente e sem perspectivas. Como precisou Lukács, confundem o fim de seus mundos com o fim da humanidade. Incapazes de uma compreensão materialista e dialética,

Ag. Keystone

Luigi Pirandelllo.

descrentes do homem como construtor de seu próprio destino, estes dramaturgos se desesperam, e anunciam que este desespero é de toda a humanidade. Alguns de seus representantes, antes malditos, hoje são aceitos oficialmente pela cultura burguesa, que não mais se choca, mas se reconhece em suas obras. É o caso de Ionesco. Entretanto, mais vigoroso é Samuel Beckett, autor de *Esperando Godot*, tragicômica parábola do homem incapaz de crer, mas também incapaz de perder a esperança: seu negativismo é tão absoluto que Beckett quase funda uma espécie dilacerada de tragédia moderna. Mas é um teatro que desmobiliza espectadores, em vez de mobilizá-los para a luta. Como afirma Bernard Dort sobre Beckett, trata-se do "apocalipse domesticado".

Outros nomes representativos da dramaturgia do absurdo evidenciam conotações políticas: Arthur Adamov, depois de uma fase inicial metafísica, aproxima-se do teatro de Brecht, mostrando as vítimas da guerra e do fascismo, e também um relato prodigioso da Comuna de Paris. E Jean Genet é o mais indefinível: nega o teatro, mas sua dramaturgia repousa na teatralidade. Herdeiro de Artaud, não se desvencilha dos recursos do teatro ocidental nem da palavra: antes, esgota-os, levando-os às últimas consequências. O objeto de seu teatro, lembra Bernard Dort, é justamente aquilo que Artaud nega: a noção de representação.

A herança de Artaud encontra-se viva ainda em experiências contemporâneas do teatro norte-americano, como os *happenings* (manifestações totalmente improvisadas, que negam a arte como mercadoria e assumem o marginalismo contestatório; o irlandês Sean Wellesley-Miller chega ao espectador, propondo o espetáculo "invisível ", ideia que será retomada pelo brasileiro Augusto Boal com intenções políticas mais definidas), os espetáculos do *Living Theater* de Juliell Beck e Judith Malina nos EUA e na Europa (o grupo começa em 1947 em Nova York, com espetáculos experimentais, passando por diferentes fases num mergulho definido no campo do anarquismo e do misticismo, com um trabalho fundamentado na noção de comunidade e criação coletiva; em 1970 o *Living* veio para o Brasil, onde realizou alguns trabalhos experimentais, sobretudo em Ouro Preto), as experiências de Richard Scheichner (teatro de envolvimento, unindo plateia e palco num mesmo espaço e numa mesma ação improvisada, utilizando elementos de erotismo e choque físico) etc. Dort define com precisão a aventura do teatro de agressão: um esquematismo nada revelador que traduz uma rebeldia adolescente e pequeno-burguesa, fruto da incapacidade de análise da realidade. O teatro de participação física, insiste, acaba se transformando em teatro de comunhão metafísica. Uma nova forma de catarse que afasta a temática política e recusa a discussão sobre a realidade, refugiando-se na celebração de uma espécie de êxtase coletivo baseado no instinto e na irracionalidade. Enfim, um teatro de autossatisfação.

XV

Na Alemanha o expressionismo define a reação antirrealismo. Atinge todas as artes e produz alguns resultados vigorosos. É a explosão incontida da subjetividade, centro dramático do novo teatro, que depois de uma primeira fase metafísica conhecerá outras tendências internas, inclusive um teatro pacifista e mesmo político, que se firma após a guerra. O italiano Paolo Chiarini afirma que o expressionismo nasce como tensão, esforço espasmódico na procura de captar um valor metafísico e absoluto apenas pressentido, mas sempre fugidio, que se oculta além dos dados imediatos da relação exterior. Entre os dramaturgos expressionistas é preciso mencionar Georg Kaiser, Frank Wedekind e Ernst Toller. Comentando o expressionismo, Brecht afirma que para este teatro "o mundo não mais existia senão como a visão de uma estranha ruína, a criação monstruosa de almas angustiadas". Reconhece inovadora contribuição, fornecendo recursos estéticos então inexplorados, mas "o expressionismo se mostrou totalmente incapaz de esclarecer o mundo enquanto objeto da prática humana".

Max Reinhardt esteve próximo ao sonho de um teatro total. Sua contribuição é decisiva para o teatro alemão moderno, inclusive pela encenação de espetáculos populares em jardins e praças públicas, dando início ao teatro de massas. Neste campo foi marcante a experiência de Firmin Gemier, durante o *Front Populaire* de Leon Blum, fundador do "Teatro Nacional Popular" de Paris, iniciando um trabalho de popularização e descentralização do teatro que seria prolongado depois pelas encenações de Jean Vilar e sobretudo Roger Planchon.

O teatro de massas ganha impulso na URSS, favorecido pela revolução proletária. Nikolai Evreinov chega a realizar, em novembro de 1920, comemorando a Revolução, um espetáculo grandioso: *A tomada do Palácio de Inverno,* no próprio local dos acontecimentos, com a participação de oito mil atores... E, no mesmo ano, *Mistérios do trabalho libertado da escravidão* teve dois mil atores e cerca de trinta e cinco mil espectadores, que no final juntaram-se ao elenco numa fantástica comemoração da vitória.

XVI

Essencialmente político, apoiado no marxismo, é o teatro de Erwin Piscator. Seu livro *Teatro político* (1929) é um convicto manifesto de projetos, um relato de uma trajetória difícil e contraditória, e uma reflexão vigorosa capaz de estimular qualquer conceituação estética marxista. Piscator defende a arte como um meio, não como um fim: está subordinada a tarefas políticas urgentes. O teatro precisa assumir-se enquanto instrumento de agitação e propaganda, sem abdicar de sua condição de arte: quanto mais artístico, mais político. O espetáculo e a dramaturgia tradicionais não mais servem aos interesses do novo público, o proletariado, ao qual pretendem se dirigir: é imprescindível encontrar novas estruturas narrativas que permitam a discussão ampla de uma temática nova. Cada espetáculo precisa colocar a totalidade do processo socioeconômico e político do tema proposto. Para chegar a seus objetivos, Piscator introduziu inovações técnicas como o palco giratório, a esteira rolante, o filme, dados estatísticos, complexos mecanismos nos bastidores: para revelar a engrenagem da História sob um ponto de vista materialista e revolucionário, o palco precisa estar equipado. Enfrentando sempre graves dificuldades financeiras, dirigindo-se a uma classe sem poder aquisitivo e muitas vezes incompreendido pelas organizações de esquerda, Piscator esbarra com uma quase fatal contradição entre seus projetos e os meios de produção. Mas com ele o teatro se transforma, surge pela primeira vez a expressão "teatro épico". Está aberto o caminho para um de seus mais próximos colaboradores, Bertolt Brecht, revolucionar teórica e praticamente a dramaturgia e o espetáculo, alterando de forma irreversível sua função social e elaborando, com fundamento na assimilação crítica do marxismo, um teatro que redefine o realismo crítico e socialista, fundando o "teatro dialético".

XVII

Através de uma série de escritos teóricos, notas de trabalho e ensaios críticos, como também através de peças, romances, contos e poemas, e igualmente através de seu incansável trabalho como encenador no *Berliner Ensemble* (fundado em Berlim Oriental em 1949), Brecht formula os caminhos de um processo de trabalho e a concepção de uma estética produtiva, socialmente útil enquanto instrumento de transformação e vigilância crítica do cotidiano político-social. Seu pensamento está apoiado nos princípios básicos do marxismo: o ser social determina o pensamento, o homem é uma realidade em processo. Seu teatro recusa a dramaturgia aristotélica, fundamentada na técnica da identificação, que ele substitui pela técnica do distanciamento ou estranhamento *(Verfremdungseffekt):* tornar estranho aquilo que é habitual, tornar insólito aquilo que é cotidiano, historicizar mesmo o processo histórico contemporâneo para revelar com mais nitidez as contradições do comportamento que os homens estabelecem entre si num determinado período histórico, para que a estrutura social vigente seja sempre vista como transformável.

Brecht recusa o espetáculo como hipnose ou anestesia: o espectador deve conservar-se intelectualmente ativo, capaz de assumir diante do que lhe é mostrado a única atitude cientificamente correta – a postura crítica. Para isso o espetáculo deverá lhe oferecer ações e alternativas destas ações. Não uma lição dogmática ou um resultado pronto: cabe ao espectador, através da reflexão, que realiza junto com os intérpretes e a encenação, encontrar suas próprias conclusões. O próprio Brecht afirma que com Piscator começou a existir o teatro didático. Ele levará às últimas consequências este projeto: numa das mais fecundas fases de sua carreira, escreverá obras aparentemente rígidas e frias, na verdade provocativos teoremas, secos e objetivos, que se constituem em surpreendentes e inesgotáveis exercícios de dialética, úteis para os que assistem e também para os que realizam.

Nos últimos anos de sua vida, trocou a expressão "teatro épico" por "teatro dialético"; o mundo é transformável porque é contraditório; para saber-se em que medida é transformável é preciso levar em conta as leis de sua evolução e para isso é necessário partir da dialética dos clássicos socialistas.

XVIII

Piscator e Brecht influenciam o aparecimento de uma das mais fecundas experiências do teatro norte-americano, o *Living Newspaper* (Jornal Vivo), dramatizações realizadas a partir de notícias de jornais, trabalho desenvolvido especialmente pelo *Federal Theatre,* que chegou a ter dez mil profissionais, organização fundada pelo governo durante o "New Deal" de Roosevelt, procurando solucionar a crise de desemprego no setor teatral. O projeto, com adaptações, seria depois retomado no Brasil por Augusto Boal, com o "teatro jornal". O mais ativo dos realizadores dessa manifestação polêmica e agitacional de teatro político foi Joseph Losey.

Das mesmas fontes surge, sobretudo a partir dos anos 1960, o "teatro documento": pesquisa e dados objetivos, reconstituições minuciosamente fundamentadas em documentos reais ou processos jurídicos, peças que revelam um rigor didático e agressivo pela fria revelação teatralizada de verdades irrecusáveis. Exemplos eloquentes são as obras de Peter Weiss, sobretudo *O interrogatório*, sobre Auschwitz, ou *O discurso do Vietnã*, sobre a resistência vietnamita à invasão norte-americana, e o teatro de Rolf Hoshhuth, principalmente a polêmica contestação do papa Pio XII e suas omissões diante do avanço nazista em *O vigário*.

Nos Estados Unidos o teatro ganha dimensão maior com o nascimento de uma dramaturgia nacional, sob influência de Strindberg e Ibsen, Wedekind e Freud: a obra de Eugene O'Neill. Influências sensíveis serão também as ideias de Stanislavski, incorporadas por muitos encenadores e dramaturgos, e a estadia, durante a guerra, de Piscator, que criou o *Dramatic Workshop*, formando atores, diretores e dramaturgos que renovaram a cena norte-americana. Mas o drama realista psicológico mantém-se como forma mais habitual, incentivado nos cursos de *play-writing* das universidades em todo o país. Certa análise mais penetrante do capitalismo no cotidiano norte-americano encontra-se em peças de Clifford Odets, Tennessee Williams e Arthur Miller.

É preciso ainda lembrar o poeta Federico Garcia Lorca, animador de movimentos de cultura popular na Espanha, assassinado pelos franquistas durante a guerra civil. E Max Frisch e Friedrich Durrenmatt, influenciados pelo teatro épico. Ou o teatro político que recusa os esquemas fáceis e elabora uma reflexão complexa, jogando com passado e futuro, imaginário e real, nas obras de Armand Gatti. Experiências e intervenção política nos EUA como o *Bread and Puppet*, de Peter Schumann, que faz imensos bonecos desfilarem e atuarem em comícios ou passeatas, quase retomando uma tradição medieval; e ainda nos EUA o radicalismo político de grupos como a San Francisco Mime Troup, de Ronnie Davis, teórico do "teatro de guerrilha" ou o Teatro Campesino de Luiz Miguel Valdéz. Ou continuadores de Brecht na própria República Democrática Alemã, como Erwin Strittmatter, que o próprio Brecht encenou, e mais recentemente aquele que sem dúvida é hoje o autor da mais fascinante dramaturgia europeia, detendo-se sobretudo numa irreverente e corajosa revisão da história a partir da decodificação dos mitos mais próximos de todos nós, Heiner Muller. Ou ainda, na extinta Alemanha Ocidental, um teatro que procura dissecar cruamente o cotidiano num naturalismo reencontrado e minuciosamente conduzido quase ao absurdo, em obras de Peter Handke, Martin Walser ou Botho Strauss. Na Itália, as comédias políticas implacáveis com a sociedade burguesa, são escritas e realizadas pelo prodigioso ator Dario Fo.

E inúmeros encenadores que atualizam a reflexão sobre a encenação, numa permanente revalorização e desenvolvimento criativo e crítico da linguagem cênica, entre os quais é justo mencionar o soviético Yuri Liubimov, o inglês Peter Brook, os franceses Roger Planchon, Arianne Mnouchkine, o italiano Giogio Strehler (que muitos apontam como o mais autêntico continuador de Brecht). Ou ainda, na Alemanha, nomes como: Peter Zadek, Peter Palitzsch ou Peter Stein, Ruth Berghaus, Benne Besson, Mathias Langhoff e Manfred Wekwerth.

Finalmente, colonizado cultural e politicamente pelo imperialismo norte-americano, o teatro da América Latina vem lutando, através dos tempos, por sua libertação cultural, como os demais países do Terceiro Mundo. Hoje há um vigoroso movimento também na África e na Ásia: utiliza a estrutura realista crítica tradicional, ou procura antropofagicamente assimilar Brecht, ou ainda buscar caminhos mais autenticamente nacionais, a partir de tradições e manifestações populares. De modo geral, mais preocupado com sua eficácia imediata do que com um discutível vanguardismo formal. Em Cuba, um teatro novo, vinculado à libertação popular, ganha espaço, com patrocínio oficial. Nos demais países resta o esforço das forças democráticas, que se traduz em eventos concretos, mas nem sempre regulares em nível de dramaturgia e espetáculo. Existe um Enrico Buenaventura na Colômbia, existiu um Teatro Galpón em Montevidéu: o primeiro desenvolve formas inovadoras que se fundamentam numa elaboração crítica constante do processo coletivo de criação, enquanto os atores e diretores que formavam o Galpón foram exilados ou liquidados pela repressão política uruguaia, que silenciou uma das mais intensas pesquisas do teatro latino-americano. Existem dramaturgos argentinos, que surgiram no período, hoje já sufocado também, de florescimento do teatro *independiente,* entre eles Agustin Cuzzani e Oswaldo Dragún. Há certa vitalidade no México e na Venezuela. Existiu um poderoso movimento de teatro popular no Chile, destruído pela ascensão sangrenta de Pinochet. Há uma batalha difícil pela emancipação nacional do teatro paraguaio. A cultura teatral latino-americana é feita entre golpes de Estado e parciais vitórias das forças democráticas e populares.

XIX

E o teatro no Brasil, de 1900 até hoje? Sem dúvida, uma trajetória de lento amadurecimento e decidido esforço de emancipação nacional, apesar dos anos recentes de quase estagnação difícil resistência diante da repressão cultural instaurada com o golpe militar de 1964. Um painel completo ainda está para ser estabelecido: o país é imenso, o teatro existe em cada pequena cidade, cada região possui características culturais específicas e também manifestações tradicionais próprias de teatro popular; o teatro profissional praticamente só é encontrado, com uma estrutura apenas relativamente sólida, em São Paulo e Rio de Janeiro; nos demais estados registram-se constantes tentativas de profissionalização e mesmo a existência de cooperativas ou empresas para profissionais, mas o que domina amplamente o território nacional é a dispersa e às vezes estimulante produção amadora.

A história do teatro realizado no Brasil, em todos os níveis, padece de um erro dos mais graves: salvo raríssimas exceções, que apenas confirmam a regra, refere-se exclusivamente ao que acontece em São Paulo e Rio, perdendo a noção de totalidade do movimento. É evidente que, apesar da advertência, o erro continua presente neste brevíssimo resumo.

Talvez seja possível admitir que tenham existido cinco etapas. Na primeira, do início do século até 1927, quando se organiza a primeira companhia estável, quase nada de significativo. Uma curiosidade: um texto de Graça Aranha, *Malazarte,* foi encenado em Paris em 1911, no templo do simbolismo europeu, o Théâtre de l'Ouvre. Um mistério que ainda deve ser melhor desvendado: no início do século, em São Paulo, houve um surto de teatro político anarquista realizado sobretudo por trabalhadores imigrados. A Primeira Guerra Mundial corta a habitual vinda de companhias italianas, francesas e portuguesas. Surge uma tímida dramaturgia voltada para a crítica ingênua dos costumes. As revoltas tenentistas, que antecedem a revolução de 1930, não deixam marcas no teatro. Em 1922 é fundado o Partido Comunista Brasileiro, mas só anos mais tarde o marxismo terá importância no nível da dramaturgia e do espetáculo. A Semana de Arte Moderna de 1922, cuja realização é uma espécie de *happening,* não inclui a manifestação teatral e também só anos mais tarde o modernismo terá um prolongamento cênico.

A segunda fase é pródiga em inovações: inicia-se em novembro de 1927, estreia do "Teatro de Brinquedo" de Álvaro Moreyral e se encerra em 1948, quando surge em São Paulo o Teatro Brasileiro de Comédia. Inclui um período que merece atenção: durante o Estado Novo, de 1937 a 1945, a ditadura procura silenciar o teatro, mas a ideologia populista não impede a aguda crítica política que ganha importância no teatro de revista. Nessa fase se organizam as primeiras companhias estáveis, em torno de atores de forte comunicação popular, como Procópio Ferreira, Jaime Costa, Dulcina de Moraes, Odilon Azevedo, Eva Tudor etc. É um período dominado pela presença de atores, mas a dramaturgia é pobre, ainda que encerre instantes esparsos de superficial mas correta observação da vida social. Um teatro que hoje precisaria ser revisto criticamente, pois foi sumariamente negado por uma crítica apressada em estabelecer novos critérios. Um melodrama inspirado na luta de classes, estreado em 1932 por Procópio, inaugura a dramaturgia com preocupações sociais, *Deus lhe pague:* de Joracy Camargo, que vinha do "Teatro de Brinquedo".

Mas há uma inquietação em setores da classe média intelectual. E o panorama começa a mudar. Frutos tardios do modernismo, mas surpreendentes pela livre e criativa manipulação da estrutura de dramaturgia, são o alucinado *Bailado do deus morto,* de Flávio de Carvalho, espetáculo que em 1933 determina o fechamento do "Teatro Experimental" de São Paulo, e um dramaturgo com três textos que hoje constituem um dos mais fascinantes e vigorosos patrimônios do teatro brasileiro: Oswald de Andrade, com *O rei da vela* (1933), *O homem e o cavalo* (1934) e *A morta* (1937).

Poucas vezes a temática política encontrou uma expressão tão desinibida e corajosa, no Brasil, como nestes textos, que cedo foram sufocados pela censura de Vargas. No nível do espetáculo, também houve transformações: Paschoal Carlos Magno funda o Teatro do Estudante do Brasil em 1938, imprimindo uma visão mais cultural da expressão teatral. E, finalmente, em 1941, surgem "Os Comediantes", no Rio de Janeiro, grupo conduzido por Brutus Pedreira, Luiza Barreto Leite e Santa Rosa. Nestes anos, em São Paulo, dois grupos amadores realizam um semelhante trabalho pioneiro, na preparação da nova geração: o "Grupo Teatro Experimental ", de Alfredo Mesquita, e o "Grupo Universitário de Teatro", de Décio de Almeida Prado. Mas o primeiro passo para o estabelecimento de um novo padrão cultural cabe a "Os

Comediantes" do Rio: em 1943, com direção do polonês Zbigniev Ziembinsky, surge, a partir do expressionismo europeu, *Vestido de noiva*, de Nélson Rodrigues. Um instante que certamente admite diversos níveis de crítica, pois marca o início da introdução entre nós do modelo estrangeiro de espetáculo, em detrimento da pesquisa de nossas raízes mais autênticas, mas sem dúvida alguma um imenso salto qualitativo. É um marco definitivo, é o princípio da encenação moderna no Brasil.

XX

Terceira fase: do aparecimento do TBC em 1948 até 1958, ano em que o Teatro de Arena de São Paulo estreia *Eles não usam black-tie*, de Gianfrancesco Guarnieri, e um grupo de estudantes de Direito organiza o Teatro Oficina de São Paulo. É uma etapa dominada pelo trabalho dos encenadores italianos importados para conduzirem o trabalho profissional dos antigos amadores: Adolfo Celi, Luciano Salce, Flaminio Bolini Cerri, Gianni Ratto e, mais expressivos pela valiosa contribuição teórica e crítica, Ruggero Jacobbi e Alberto D' Aversa. O TBC nasceu de uma aposta: o industrial Franco Zampari afirmou que São Paulo poderia ter um teatro estável com o mesmo nível do que era produzido no pós-guerra italiano. O TBC é um marco decisivo e sua trajetória confunde-se com o movimento social: surge depois do fim da ditadura de Vargas, produzido pela burguesia para a burguesia, importando técnica e repertório, evidenciando ideologicamente ecletismo e nítida tendência para o culturalismo esteticista. Mas organiza definitivamente a estrutura profissional do teatro brasileiro, cria mentalidade nova em nível de respeito e estudo do teatro, introduz repertório ao gosto da exigência burguesa, mas coloca os espectadores em contato com um nível superior de dramaturgia, forma grande número de intérpretes que depois sairiam de suas fileiras para organizarem companhias nos mesmos moldes, mas já mais independentes, inclusive quanto à escolha de repertório.

O país transforma-se, há um movimento de ascensão das massas populares, o governo assume uma postura nacionalista e desenvolvimentista visando fazer crescer o capitalismo ainda bastante dependente, o que acirra contradições sociais e dá alento novo às batalhas de libertação do proletariado e dos trabalhadores do campo. A juventude incorpora novas formas e frentes de luta. No campo teatral, a linha do TBC provoca reação em jovens recém-formados pela própria Escola de Arte Dramática de São Paulo (fundada para "municiar" o elenco do TSC) e jovens empenhados em usar o teatro como instrumento político, em atividade em novos grupos formados por estudantes. Daí surgirá um elenco que se transforma, depois de uma fase inicial de indefinida oposição (de 1953 a 1958), na antítese do TBC: o Teatro de Arena. O dramaturgo brasileiro, com exceção da crítica burguesa de Abílio Pereira de Almeida, esteve ausente do TBC. Os dois textos que abrem novos rumos para a dramaturgia nacional, antes de *Black-tie*, são encenados em outros locais: *A moratória*, de Jorge de Andrade, em 1955, pelo Teatro Maria Della Costa, e *O auto da compadecida*, em 1957, por um grupo amador do Recife. O Arena será, como resposta, a sede da nova dramaturgia, que nasce com preocupações sociopolíticas claras, fornecendo inclusive, por seu talvez ainda romântico mas decidido e apaixonado mergulho no confronto com nossa realidade, material para uma renovação do espetáculo, em termos de interpretação e encenação.

Esta quarta fase vem de 1958 até dezembro de 1968: na verdade o golpe militar de 1964 deu o ponto de partida para a repressão cultural, mas foi a promulgação da arbitrária legislação, centralizada no Ato Institucional nº 5, que liquidou os últimos vestígios de liberdade e vida democrática no País. Estes dez anos, de 1958 a 1968, talvez tenham sido os mais fecundos do século até agora: marcam o amadurecimento da dramaturgia e da encenação, a afirmação de uma geração que assume o teatro como atividade socialmente responsável, lançando-se na investigação dos temas mais urgentes do processo sociopolítico nacional. Basicamente, esta etapa é definida pelo trabalho do Teatro de Arena, do Oficina e, fundado em 1964 como tentativa de resistência ao golpe, do Teatro Opinião, do Rio de Janeiro. E, sem condições de mencionar todos os grupos que, inspirados por este trabalho ou a partir de suas próprias constatações de impasse e necessidade de uma cultura nacional participante, surgiram em diferentes estados, como Rio Grande do Sul ou Pernambuco (com o trabalho de Hermilo Borba Filho e seu "Teatro Popular do Nordeste") ou Bahia, é imprescindível citar ainda a experiência marcada por acertos e erros, mas ainda pioneira e essencial para qualquer futuro aprofundamento crítico e prático de um teatro agitacional, dos espetáculos do Centro Popular de Cultura da UNE e do Movimento de Cultura Popular do Recife.

Neste período registram-se a crise e o fim do TBC: um projeto ideológico que perde o sentido histórico. E ainda tenta, antes do fim, incorporar as novas tendências: o TBC chama encenadores brasileiros, como Flávio Rangel e Antunes Filho, para encenar dramaturgos que se pronunciam frontalmente contra a classe burguesa, como Gianfrancesco Guarnieri (*A semente*) ou Dias Gomes (*O pagador de promessas*). Arena e Oficina realizam um trabalho aparentemente divergente: na verdade se completam. E, se estudados juntos, revelam a potencialidade criativa e também os limites ideológicos de participação de setores da classe média empenhados na construção de uma cultura socialista. Ambos os grupos defendem os mesmos ideais, mas diferem na maneira de tratá-los: inclusive, enquanto o Arena desenvolve essencialmente o trabalho de dramaturgia, o Oficina volta-se primordialmente para o trabalho de encenação. Ambos cessaram atividades quase ao mesmo tempo, em consequência da repressão policial, depois de terem conseguido manter, entre 1964 e 1968, uma firme resistência. O Arena para em 1971, após a prisão de Augusto Boal, que acaba se exilando. O Oficina também tem José

Celso Martinez Correa preso e em seguida exilado. Mas acaba renascendo em Lisboa, depois em Moçambique, e regressa ao Brasil para reorganizar-se: depois de uma série de experiências radicais de negação do teatro enquanto espetáculo, busca uma nova relação com o público e troca seu nome para Te-ato... Boal, a princípio na América Latina, depois na Europa, coerente com seus primeiros compromissos, projeta-se internacionalmente com a formulação de uma proposta de trabalho que pretende mesmo superar Brecht, enquanto utilidade política, e começa por recuperar estruturas antes usadas por grupos de agitação e propaganda, integrando-as numa totalidade, que mantém a ideia de agitação, mas recusa tornar-se propaganda de qualquer verdade já pronta, que é definida como "teatro do oprimido". Talvez seja possível discordar de alguns aspectos, mas sua definição é exemplar: devolver ao povo os meios de produção teatral.

A quinta fase, do Ato Institucional nº 5 até nossos dias, é marcada pelo difícil e exaustivo trabalho de resistência cultural. Confuso e contraditório, necessário e dilacerante. Realizado por profissionais e amadores, uma dramaturgia que, usando a expressão de Guarnieri para definir suas peças, passou a ser um "teatro de ocasião". Uma encenação que passou a pesquisar mais as formas de ludibriar a censura de um livre desenvolvimento de seus próprios recursos. Diante da arbitrária censura policial, ergueu-se este teatro tantas vezes prejudicado pela necessidade da metáfora, da alusão cifrada, da revisão histórica deliberadamente oportunista, das questões sociais tratadas nos estreitos limites do permissível, de uma pressa inimiga da pesquisa criativa. Tempo de silêncio, sussurros ou gritos, às vezes impacientes e descontrolados.

Mas, apesar do cerceamento, alguns exemplos atestam a recusa do silêncio: *Um grito parado no ar* e *Ponto de partida*, de Guarnieri; *Abajur lilás* e *Barrela*, de Plínio Marcos; *Patética*, de João Ribeiro Chaves Neto e *O último carro*, de João das Neves;

Papa Highirte e *Rasga coração*, de Oduvaldo Vianna Filho; *Gota d'água*, de Chico Buarque e Paulo Pontes etc.

Hoje, mais uma vez, são inúmeros os caminhos e incertas as perspectivas. Uma precária liberalização da censura, nitidamente manipulada pelo poder em sua tentativa de autorreformar-se, faz surgir indícios de processos mais refinados de limitação à liberdade de criação: produtos voltados para o lucro, em conflito com a pesquisa de novas linguagens ou contra a formulação de propostas ideológicas mais avançadas. Padrões medíocres de teatro comercial ditados pela influência poderosa da televisão, que acabou sedimentando uma linguagem que o teatro precisa mas não sabe como recusar. Grupos novos que se forjam porque cresce o desemprego, ou, nos melhores casos, porque possuem projetos incompatíveis com as estruturas profissionais vigentes. Cooperativas que ainda não encontraram consequente definição de trabalho nem uma forma sólida de sobrevivência e eficácia artística e econômica. Aumentam os esforços em busca de um teatro vinculado aos bairros e também a sindicatos e associações, igrejas e comunidades de base etc. Surgem, junto a organizações operárias, espetáculos escritos, produzidos e interpretados pelos próprios trabalhadores. Enfim, um teatro institucional em crise e alternativas que ainda não encontraram viabilidade.

Em todos os estados a mesma procura de um movimento sociocultural integrado. Basta mencionar o trabalho realizado em Manaus, por um grupo amador dirigido por Márcio Souza, escritor e encenador. Mas, paralelamente, certos setores da juventude, formada nos anos de ditadura, parecem, sem desonestidade, descrer das possibilidades de um trabalho lógico e racional. E são imensas as tentações de cair no voluntarismo e no universo da gratuidade, da irresponsabilidade ou da procura formal abstrata e vazia. Nos últimos anos tivemos claras manifestações de uma desencontrada revolta adolescente, em confusos espetáculos que se autorrotulavam de contracultura.

Certamente a retomada de uma atividade mais consequente e lúcida, útil e participante, a partir de uma análise científica da realidade, que nos afaste do diletantismo, dependerá bastante dos imprevisíveis rumos do processo histórico nacional. Reinstaurado o processo democrático, é essencial que as forças culturais, ao lado dos trabalhadores e dos setores de oposição progressista e democrática, se organizem e se dediquem, sem qualquer tipo de rigidez dogmática, através de uma unidade política paciente e lúcida, à consolidação e ampliação deste imprescindível espaço democrático. Sem dúvida cabe ao teatro brasileiro, se souber extrair consequências teóricas e práticas de seu passado mais recente, uma não desprezível parcela desta responsabilidade.

INDICAÇÕES PARA LEITURA

Araújo, Nelson de. *História do teatro*. Fundação Cultural do Estado da Bahia, Salvador: 1978.

Aristóteles. *Arte Poética*. Difusão Europeia do Livro, São Paulo: 1959.

Boal, A. *Teatro do oprimido*. Civilização Brasileira, Rio de Janeiro: 1976.

——————— *Técnicas populares do teatro latino-americano*. Hucitec, São Paulo: 1979.

Brecht, B. *Teatro Dialético*. Civilização Brasileira, Rio de Janeiro: 1967.

——————— *Estudos sobre teatro*. Nova Fronteira, Rio de Janeiro: 1978.

——————— *Escritos sobre teatro* (3 vols.). Ed. Nuova Visión. Buenos Aires: 1976.

Chiarini, P. *Bertolt Brecht*. Civilização Brasileira, Rio de Janeiro: 1967.

D'Amico, S. *História del teatro universal*. Ed. Losada, Buenos Aires: 1954.

Dort, B. *O teatro e sua realidade,* Perspectiva, São Paulo: 1977.

Gassner, J. *Mestres do teatro I*. Perspectiva, São Paulo: 1974.

Hegel. *Estética*. Guimarães Editores, Lisboa: 1964.

Jacobbi. R. *A expressão dramática*. Instituto Nacional do Livro, Rio de Janeiro: 1956.

_____ *Goethe, Schiller e Gonçalves Dias*. Faculdade de Fil. da Univ. do Rio Grande do Sul, Porto Alegre: 1958.

Magaldi, S. *Panorama do teatro brasileiro*. Difusão Europeia do Livro, São Paulo: 1962.

_____ *Aspectos da dramaturgia moderna*. Comissão Estadual de Cultura, São Paulo: 1964.

Michalski, V. *O palco amordaçado*. Avenir Editora, Rio de Janeiro: 1979.

Peixoto, F. *Brecht – Vida e obra*. Paz e Terra, Rio de Janeiro: 1974.

_____ *Teatro em pedaços*. Hucitec. São Paulo: 1980.

Prado, D. de A. *João Caetano*. Perspectiva, São Paulo: 1972.

_____ *Apresentação do teatro brasileiro moderno*. Livraria Martins, São Paulo: 1956.

Rosenfeld, A. *O teatro épico*. Buriti, São Paulo: 1965.

_____ *Teatro moderno*. Perspectiva. São Paulo: 1977.

Silveira, M. *A contribuição italiana* ao *teatro brasileiro*. Quirón, São Paulo: 1976.

_____ *A outra crítica*. Símbolo, São Paulo: 1976.

Vieira, C. *Em busca de um teatro popular*. Ed. Teatro União e Olho Vivo, São Paulo: 1978.

SOBRE O AUTOR

Nasceu em Porto Alegre, em 1937. Jornalista desde 1957, trabalhou em diversos órgãos da imprensa brasileira, tendo também colaborado em diversas revistas literárias e políticas. Foi editor de cultura do semanário *Opinião* e é membro do Conselho de Redação do jornal *Movimento*. Tem diversos artigos publicados fora do país, em revistas como *Conjunto* e *Verde Olivo* de Havana; *Primer Acto* de Madri; *Travail Théatral*, *Partisans* e *Positiv* de Paris, *Il Dramma* de Turim; *Latin American Theatre Review* de Kansas, etc. Já publicou os livros: *Brecht – Vida e obra*, *Maiakowski – Vida e obra*, *Sade – Vida e obra* (Editora Paz e Terra, Rio) e *Teatro em Pedaços* (Hucitec, São Paulo).

Ator de cinema e teatro, participou de diversos espetáculos encenados pelo Teatro Oficina de São Paulo, onde permaneceu de 1963 a 1970, e de vários filmes, entre os quais *O predileto* de R. Palmari, *A queda* de Ruy Guerra, *Fogo morto* de Marcos Farias, *Doramundo* de J. B. Andrade, *Eles não usam black-tie* de Leon Hirszman. Escreveu roteiros de cinema com Ruy Guerra e textos para televisão com Maurice Capovilla e G. Guarnieri. Diretor de teatro, encenou principalmente *Frank V* de Durrenmatt, *Tambores na noite* de Brecht, *Don Juan* de Molière, *Um grito parado no ar* e *Ponto de partida* de Guarnieri, *Mortos sem sepultura* de Sartre, *Calabar* de Chico Buarque e Ruy Guerra etc.

Tem diversas traduções publicadas, principalmente peças de Górki e Bertolt Brecht. Escreveu a maior parte dos verbetes de teatro da *Enciclopédia Mirador Universal,* dirigida por Antônio Houaiss e Otto Maria Carpeaux. Lecionou teatro na Escola de Comunicações e Artes da USP.